리얼스타트
新 BCT(A)
실전모의고사 해설집

Business Chinese Test

저자 김기숙 | 감수 우인호·중앙일보 중국연구소

KB129317

자신감 UP!
초급 비즈니스
중국어 학습자를 위한
실전 테스트

리얼 스타트 新BCT(A)
실전모의고사 해설집

초급 비즈니스 중국어 학습자를 위한 실전테스트
리얼 스타트 新BCT(A) 실전모의고사

발행일 초판 1쇄 2015년 2월 2일

지은이 김기숙
감수 우인호 · 중앙일보 중국연구소

발행인 노재현
편집장 이정아
책임편집 박근혜
편집진행 강민경
마케팅 김동현 김용호 이진규
제작 김훈일

디자인 장선숙
인쇄 미래P&P

발행처 중앙북스(주)
등록 2007년 2월 13일 (제2-4561호)
주소 (100-814) 서울시 중구 서소문로 100 (서소문동, J빌딩 3층)
구입 문의 1588-0950
내용 문의 (02) 2031-1385
팩스 (02) 2031-1399
홈페이지 www.joongangbooks.co.kr

ISBN 978-89-278-0611-0 03720

리얼스타트
新 얼 BCT(A)
실전모의고사 해설집

저자 김기숙 | 감수 우인호·중앙일보 중국연구소

중앙 books
JoongAng Ilbo

이 책을 펴내며

중국은 1978년 덩샤오핑邓小平이 개혁·개방 정책을 실시한 후 고도의 경제성장을 실현했으며, 현재 미국과 더불어 G2로 급부상했습니다. 현재 국제사회에서 경제적으로 중요한 위치를 차지하고 있을 뿐만 아니라 정치, 문화적으로도 막대한 영향력을 미치고 있습니다. 중국이 성장하면서 한·중 양국 간의 교류에도 커다란 변화가 일어났습니다. 한·중 교역은 1992년 8월 수교 이후 지속적으로 증가하고 있고, 중국은 한국의 최대 교역 대상국이 되었습니다. 중국의 국제적 지위의 상승에 따라 중국어는 이미 세계적으로 중요한 언어로 자리 잡았고, 기업의 중국 전문 인력에 대한 수요도 증가하고 있습니다. 이에 중국 전문 인력을 배출하기 위해 대학교에서는 비즈니스 중국어 과정을 개설하고, 기업에서는 사내 중국어 교육과정을 개설하여 학생과 직원의 중국어 학습을 지원하고 있습니다.

중국 시장에서 성공적인 비즈니스를 위해서는 일반적인 일상생활 언어능력만으로는 부족합니다. 기본적인 생활 중국어에 비즈니스 업계에서 사용되는 용어와 표현을 더한 중국어 학습이 필요합니다. 하지만 대對 중국 비즈니스에 관심을 가지고 있어서 중국어를 시작하고자 하는 학습자들에게 기존의 비즈니스 중국어 교재는 그야말로 감히 접근하기 힘든 '넘사벽'으로 보이는 존재입니다. 그렇다고 일반적인 초급 중국어를 공부하자니 비즈니스와 관련 있는 내용을 찾기도 힘든 게 현실입니다. 이러한 학습자들에게는 생활 중국어와 비즈니스 중국어를 함께 접할 수 있는 방법이 필요합니다.

이러한 두 가지 목적의 중국어 능력을 동시에 키우고 점검할 수 있는 시험이 바로 新BCT입니다. 新BCTBusiness Chinese Test는 특수목적 중국어Chinese for Specific Purpose 중에서도 무역 및 비즈니스 분야의 실무능력 향상에 초점을 맞춰 개발된 업무 목적의 중국어능력 평가시험으로, 실제 비즈니스 업무 환경에서 중국어로 소통하는 능력을 평가하는 공인 실용 중국어 능력시험입니다. 다시 말해 직장인들이 동료들과 일상적으로 나누는 대화, 생활 속의 경제활동과 관련된 서식·광고, 업무상 필요한 대화, 업무 목적의 e-mail·휴대전화 문자 메시지·공고문 등을 다루고 있습니다. 新BCT는 기존의 BCT를 보완하여 초급인 BCT(A)와 중·고급인 BCT(B) 두 단계로 나누었으며, 기존의 중·고급자 대상의 시험에서 벗어나 초급 학습자들도 도전할 수 있도록 구성되었습니다.

흔히들 비즈니스 중국어는 어렵다고 생각합니다. 하지만 우리의 생활을 가만히 돌아보면 경제활동이 매우 일상적이면서 중요한 자리를 차지하고 있다는 것을 어렵지 않게 발견할 수 있습니다. 상품을 구매하고, 상품을 소개하는 전단이나 광고를 읽고, 인터넷 쇼핑을 통해 구입하고 반품하는 등 상업 활동은 우리의 삶 속에서 매우 크게 자리잡고 있습니다. 비즈니스 중국어는 바로 이러한 정보를 이해하고 대화를 하는 것에서 시작합니다. 어려운 것이 아니라 표현을 접하지 못해 '낯설' 뿐입니다. 이러한 낯설음은 新BCT를 공부하면서 극복하는 것이 매우 효과적입니다. 더불어 자신의 중국어 실력도 확인해볼 수 있습니다.

이 책은 新BCT(A)를 준비하는 학습자를 위해 고안된 실전 모의고사 문제·해설집으로, 수록된 문제들은 지금까지 한국에서 시행되었던 기존 BCT의 기출문제와 중국에서 시행된 新BCT 기출문제에 대한 분석 내용을 토대로 3회분의 모의고사를 구성했습니다. 新BCT(A)를 처음 접하는 학습자가 시험에 친숙해질 수 있도록 문제 유형에 대한 접근 방법과 풀이를 상세하게 설명하고자 노력했습니다. 독자 여러분께 많은 도움이 되길 바랍니다.

좋은 교재가 나올 수 있도록 기획부터 마지막까지 도움주신 중앙일보 중국연구소 관계자 여러분, 전체 감수를 도와주신 우인호宇仁浩 교수님과 자료 준비에 도움을 주신 차웅식, 린쑤핑任素萍 선생님, 한글 교정을 도와주신 이윤정, 이혜진 선생님, 중국어 감수를 해주신 류린柳林 선생님, 왕저王哲 연구원님, 장이원张亦雯 연구원님, 베타테스트에 도움을 주신 학생 여러분, 편집을 맡아주신 강민경님, 책이 나오기까지 아낌없는 지원을 주신 중앙북스의 박근혜님, 이정아 편집장께 감사 드립니다. 마지막으로 항상 든든한 버팀목이 되어주는 가족에게 감사드립니다.

이 책이 여러분의 비즈니스 중국어의 절대 학습량을 갖추는 데 많은 도움이 되기를 바라며, 실전에서 좋은 성적을 거둘 수 있기를 진심으로 기원합니다.

저자 김기숙

신BCT(A) 실전모의고사 문제집

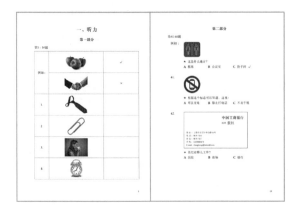

실전모의고사 문제집에는 3회분의 실전모의고사와 답안지, 정답 및 녹음 스크립트가 수록되어 있습니다.

실전모의고사는 실제 시험을 볼 때 낯설지 않도록 신BCT(A) 형식 그대로 구성했습니다.

실제 시험 보는 것처럼 연습할 수 있도록 답안지도 3회분이 제공됩니다. 신BCT(A) 알아두기에 소개된 것처럼 개인정보 기입(5분), 듣기(20분), 독해(30분), 쓰기(15분) 등 총 약 70분의 시험 시간에 맞춰 실전처럼 문제를 풀고, 답안지에 기입할 내용, 기입 방법 등에 주의해서 연습해보세요.

모의고사 듣기 문제 MP3 CD

MP3 CD에는 각 회별 듣기 문제가 수록되어 있습니다.

파일명은 모의고사 회 번호–부분 번호–문제 번호로 표시되어 있습니다. ex) 1회_1부분_01

실전모의고사 문제집을 풀 때는 전체 MP3 파일을 선택하여 플레이 하면 순서대로 재생할 수 있습니다.

MP3 파일은 각 문항이 분리되어 있으므로 해설집을 공부할 때는 해당 문제만 반복하여 들을 수 있습니다.

이 책은 새롭게 시행되는 신BCT를 대비할 수 있도록 만든 **실전모의고사 문제·해설집**입니다. 문제집과 해설집은 별도로 구성되어 있습니다.

신BCT(A) 600 필수어휘집

BCT 주관사인 중국 한판汉办에서 지정한 신 BCT(A) 600 단어를 정리한 필수어휘집을 제공합니다.

신BCT(A) 실전모의고사 해설집

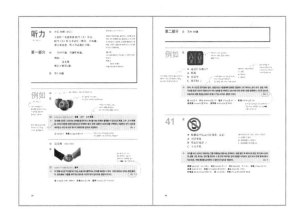

◁) **녹음** 모의고사 회 번호–부분 번호–문제 번호로 표시되어 있습니다.

🗎 **문제** 시험지에 나오는 내용을 표시합니다.

例如 **예제 설명** 각 유형별로 문제에 접근하는 방법과 풀이 시 주의사항이 설명되어 있습니다.

→ **풀이** 문제 유형 분석, 접근 방법, 풀이 시 주의사항 등을 담아 상세하게 풀이했습니다.

단어 학습 편의를 위해 문제와 풀이 속에 등장한 단어를 모두 담았습니다. 단어를 따로 찾지 않도록 다른 문제의 단어와 중복되더라도 해당 문제에 나온 단어를 모두 실었습니다.

⊕ **추가 단어** BCT와 비즈니스 중국어 학습에 도움이 되도록 문제와 관련된 주제로 알아두어야 할 단어를 모았습니다.

新BCT 알아보기

BCT는 Business Chinese Test의 약자로 중국어를 모국어로 하지 않는 학습자를 대상으로 비즈니스 중국어 능력을 평가하는 중국 정부 공인 시험이며, 한국에서는 2015년부터 기존의 BCT를 보완·개정한 新BCT가 시행되고 있습니다. 新BCT는 비즈니스 및 업무에 종사하는 데 있어 갖추어야 할 중국어 실력을 측정하는 표준화된 시험으로, 무역 및 비즈니스 분야의 실무능력 향상에 초점을 맞춰 개발된 업무 목적의 중국어 능력 평가시험이지만, 비즈니스 활동뿐만 아니라 일상생활 및 다양한 사회생활에서 필요한 중국어 능력을 전반적으로 측정할 수 있기 때문에 비즈니스 전문 지식시험이 아닌 중국어 활용 능력 시험에 가깝다고 할 수 있습니다.

新BCT 시험은 초급 학습자를 대상으로 한 新BCT(A)[듣기·읽기·쓰기], 중·고급 학습자를 대상으로 한 新BCT(B)[듣기·읽기·쓰기] 그리고 新BCT(S)[스피킹], 세 가지가 있습니다. 구(舊) BCT는 초급과 중급이라는 난이도의 구별 없이 단일 시험으로 듣기와 읽기, 말하기와 쓰기로 구성되어 초급자들이 도전하기에 부담이 있었습니다. 新BCT는 이러한 점을 보완하여 초급 학습자들에게 비즈니스 중국어를 접하고 학습을 독려하며 실력을 검토해볼 수 있는 기회를 제공하고자 초급 단계와 중·고급 단계로 나누어 시험을 시행합니다. 각 시험의 구성은 다음과 같습니다.

BCT(A)

초급 난이도이며, 구 BCT 1~3급에 해당합니다. 일상생활, 다양한 경제활동과 직장생활에서 필요로 하는 기초 어휘와 표현 활용 능력을 평가합니다.

BCT(A)	듣기	읽기	쓰기	합계
문항 수	30	30	10	70
시험 시간	약 20분	30분	10분	약 60분
배점	100점	100점	100점	300점

*오리엔테이션 시간 제외

BCT(B)

중·고급 난이도이며, 구 BCT 4~5급에 해당합니다.

BCT(B)	듣기	읽기	쓰기	합계
문항 수	50	40	2	92
시험 시간	약 40분	60분	40분	약 140분
배점	100점	100점	100점	300점

*오리엔테이션 시간 제외

BCT Speaking

듣기·읽기·쓰기와 분리되어 별도로 시행되며, 구 BCT에서 테이프에 녹음하던 방식을 개선하여 컴퓨터를 활용한 iBT방식으로 시행됩니다. 문제 유형과 시간 배정은 다음과 같습니다.

BCT Speaking	문항수	점수	준비시간	대답시간	시험시간
그림 보고 답하기	4	각 4점	문항당 10초	문항당 20초	약 3분
질문에 답하기	4	각 4점	문항당 15초	문항당 25초	약 3분
실용 대화	3	각 8점	문항당 45초	문항당 45초	약 5분
화제 발표	3	각 8점	문항당 50초	문항당 50초	약 6분
그림 보고 말하기	1	20점	60초	100초	약 3분
합계	15문항	100점	약 25분(설문조사까지 포함)		

신BCT의 활용 범위

중앙일보를 비롯하여 삼성그룹, LG그룹, CJ그룹, 롯데그룹, KB 국민은행, 신한금융그룹, SK그룹, 교보그룹, 금호아시아나그룹 등 국내 88개 이상의 기업체와 서울특별시, 문화체육관광부, 외교통상부, 주한중국대사관, 코트라, 한국관광공사 등 20개 이상의 공기업에서 신입 및 경력 사원 채용과 사내 어학 평가 기준으로 활용되고 있으며, 41개 대학에서 신입생 선발 및 졸업 요건으로 다양하게 활용되고 있습니다. 따라서 졸업과 취업, 승진을 준비하는 학습자들에게 활용도가 매우 높은 시험입니다.

- 국내 기업 및 공공기관 선발, 채용, 승진 기준
- 국내 기업 중국어 일상 업무 능력 제고 기준
- 사내 어학평가 활용
- 국내 대학(원) 비즈니스 중국어 평가 기준
- 국내 대학(원) 학점 인정 평가 기준
- 비즈니스 실용 중국어 능력 평가 기준

신BCT 접수·성적 확인 방법 및 주의사항

- 시험 신청은 중앙일보 한국BCT사업본부의 규정에 따라 한국BCT사업본부 홈페이지(http://www.bctkorea.co.kr/)에서 신청할 수 있으며, 전화 및 우편으로는 신청할 수 없습니다.
- 시험일에 반드시 준비해야 할 것은 규정 신분증, 수험표(홈페이지에서 출력), 2B 연필 또는 샤프펜슬(볼펜 및 사인펜 불가), 지우개, 시계(시간 확인 용도의 시계만 허용하며, 기능에 따라 감독관의 제약이 있을 수 있음) 등입니다.
- 규정 신분증에는 주민등록증, 운전면허증, 기간 만료 전의 여권, 공무원증, 기간 만료 전 주민등록증 발급신청서가 해당됩니다.
- 성적은 한국BCT사업본부 홈페이지에서 온라인으로만 확인할 수 있습니다. 정기시험은 시험일 기준으로 30일 이후 오후 1시부터 홈페이지에서 확인할 수 있습니다. 시험일로부터 2년 이내의 유효한 성적만 확인이 가능하며, 시험 관련 자료는 유효기간 내에만 보관되므로 유효기간이 경과한 성적은 확인할 수 없습니다.
(*특별시험 : 해당 단체의 요청에 따라 성적 공개여부 또는 성적 공개일이 상이할 수 있으므로, 해당 수험자의 경우 사내 담당자에게 문의하시기 바랍니다.)
- 인증서는 응시 후 최초 1회에 한해 무료 제공되며, 각 유형별 1급의 경우 증서가 발급되지 않습니다. 성적 확인이 되지 않는 시험의 인증서는 출력이 불가합니다.

2015년 신BCT 시험 일정

구분	시험 종류	시험일	접수 기간	성적 발표
정기	신BCT(A) 초급 신BCT(B) 중·고급	2015년 2월 8일(일)	2015년 1월 12일(월) ~ 2015년 2월 1일(일)	2015년 3월 10일(화)
정기	신BCT(A) 초급 신BCT(B) 중·고급	2015년 4월 12일(일)	2015년 3월 16일(월) ~ 2015년 4월 5일(일)	2015년 5월 12일(화)
정기	신BCT(A) 초급 신BCT(B) 중·고급	2015년 6월 14일(일)	2015년 5월 18일(월) ~ 2015년 6월 7일(일)	2015년 7월 14일(화)
정기	신BCT(A) 초급 신BCT(B) 중·고급	2015년 8월 9일(일)	2015년 7월 13일(월) ~ 2015년 8월 2일(일)	2015년 9월 9일(수)
정기	신BCT(A) 초급 신BCT(B) 중·고급	2015년 11월 15일(일)	2015년 10월 19일(월) ~ 2015년 11월 8일(일)	2015년 12월 15일(화)

*신BCT Speaking 일정은 추후 공지 예정

新BCT(A) 알아보기

신BCT(A)는 초급 난이도이며, 구 BCT 1~3급에 해당합니다. 이 시험은 초급 비즈니스 중국어 학습자를 독려하고 학습을 돕기 위해 구성되었습니다. 따라서 중국어를 초급 학습자들이 비즈니스 분야에 집중해서 중국어 능력을 향상시키고, 실력을 확인할 수 있도록 필요한 기초 표현 및 어법을 적용하여 문제를 구성하고 있으며, 언어 능력과 평가체제에 따라서 필수어휘 600개를 지정했습니다. 본 교재에서는 신BCT(A) 600 필수어휘집을 별책부록으로 제공합니다.

신BCT(A) 시험구성

신BCT(A)는 총 70문항으로 구성되어 있고, 듣기, 읽기, 쓰기 세 부분으로 나누어집니다. 시험 응시시간은 총 약 70분이며, 시험 시간 60분 외에 수험생 개인정보 작성시간이 포함되어 있습니다.

시험내용		문항수(개)		시험시간
1. 듣기	제1부분	10	30	약20분
	제2부분	10		
	제3부분	10		
2. 읽기	제1부분	10	30	30분
	제2부분	20		
3. 쓰기		10		10분
합계	/	10		약60분

신BCT(A) 능력 평가 기준

각 영역별 평가 내용은 다음과 같습니다.

시험 내용	능력 평가 기준	예시
듣기	• 업무나 생활과 밀접한 관련 있는 물품명을 알아들을 수 있다.	• 간단한 일상생활용품 및 사무용품
	• 업무나 일상생활에서 기본적인 숫자, 수량 정보를 알아들을 수 있다.	• 비자신청서에 있는 성명, 여권번호 등 • 숫자(날짜, 시간, 가격 등 포함)
	• 업무 및 일상생활에서 타인의 자기소개를 통해서 기본적인 정보를 알아들을 수 있다.	• 이름, 연령, 국적, 회사명, 직위, 연락 방식 등 • 취미, 건강 상태, 업무 상황 등
	• 업무나 일상생활에서 가장 기본적인 지시어 혹은 요구를 알아들을 수 있다.	• 전화 걸기, 서명 등 • 가격문의, 지불방식 등
	• 업무나 일상생활에서 기본적인 일상용어를 알아들을 수 있다.	• 소개, 안부, 환영, 축원, 감사, 사과, 작별 등
	• 업무 및 일상생활에서 어떤 물품에 대한 소개 및 설명을 알아들을 수 있다.	• 상품의 특징, 가격, 장소 소개 등
	• 업무 및 일상생활에서 간단한 알림공지 및 일정을 알아들을 수 있다.	• 회의 공지, 노선, 일정 등
읽기	• 한어병음을 읽고 발음할 수 있다. • 기본적인 한자, 단어, 숫자, 개인정보 등을 인식하여 읽을 수 있다.	• 간단한 표지 예) 화장실, 마트, 지하철, 공항 등 • 간단한 장소 예) 사무실, 호텔 객실 등 • 메뉴판 혹은 시간표 등
	• 기본적인 단어, 구를 알고 읽을 수 있으며, 조건·요구를 보고 이해할 수 있다. • 간단한 문서 자료를 보고 관련 정보를 얻을 수 있다.	• 간단한 도표 예) 비자 서식, 가격표, 수입 지출표, 일정표 등 • 업무 혹은 일상생활 장소에서의 간단한 용어 • 일상업무나 생활에서 상용되는 명함, 통지, 쪽지(간단한 메모), 문자 메시지 등
	• 일상생활 및 직장생활에서 자주 보는 간단한 문서 자료를 읽을 수 있으며, 대략적인 의미를 파악하고 기본정보를 식별할 수 있다. • 익숙한 화제 속에서 특정 정보를 찾을 수 있다.	• 비즈니스 의식이나 공식석상에서 상용되는 표현 방식 • 상품의 간단한 소개, 광고 등 • 간단하고 짧은 일기예보, 교통정보 • 통지, 전화기록, 쪽지(메모), 문자 메시지, 우편, 일정표 등
쓰기	• 기본적인 한자를 쓸 수 있다.	
	• 요구에 따라 서식을 채울 수 있다.	• 간단한 서식 예) 비자 서식, 통관 서식 등 • 간단한 회사 내부 서식 예) 휴가신청서, 경비청구서 등 • 개인일정표 예) 개인 일상생활의 스케줄이나 업무 일정 등

신BCT(A) 채점 방식

신BCT(A)는 듣기, 읽기, 쓰기의 부문별 성적과 총점을 성적표로 제공합니다. 합격 점수나 등급은 설정하지 않았으며, 점수에 따라서 수험생의 비즈니스 중국어 실력에 대한 설명을 제공합니다. 신BCT(A)는 300점 만점으로 구성되며, 점수 체계는 다음과 같습니다.

BCT(A)	듣기	읽기	쓰기	합계
문항 수	30	30	10	70
부문별 만점	100점	100점	100점	300점

11

新BCT(A) 문제 유형 소개

1. 듣기 听力

듣기는 총 세 부분,
30문항으로 구성되어 있으며,
모든 문제는
두 번씩 들려줍니다.

부분	문제 유형	문항 수	시험 시간
제1부분	듣기 내용과 주어진 사진의 일치 여부 판단	10	30분
제2부분	듣기 내용과 일치하는 사진 고르기	10	
제3부분	두 사람의 대화를 듣고 답 고르기	10	

제1부분

총 10문제이며, 모든 문제는 두 번씩 들려줍니다. 한 단어 또는 짧은 구를 녹음으로 들려주고 시험지에 제시된 사진이나 그림을 보고 녹음 내용과 제시된 그림이 일치하는지 여부를 판단하는 문제입니다. 답안지에는 [√]와 [X]가 표시되어 있으며, 녹음과 그림이 일치하면 [√], 불일치하면 [X]에 표시합니다.

◁) 例如: 三
　　　 送礼物

제2부분

총 10문제이며, 모든 문제는 두 번씩 들려줍니다. 완전한 형태의 한 문장을 들려주고 시험지에는 A, B, C 3개의 사진이 보기로 제시됩니다. 녹음을 듣고 제시된 3개의 사진 가운데 녹음 내용과 일치하는 것을 찾는 문제입니다. 답안지에는 [A] [B] [C]가 표시되어 있으며, 이 가운데 정답을 선택하여 표시합니다.

◁)) 例如：再见，李先生。

例如：

A √	B	C

제3부분

총 10문제이며, 모든 문제는 두 번씩 들려줍니다. 두 사람이 주고받는 두 문장의 짧은 대화를 녹음으로 들려주고 제3자가 대화 내용에 근거하여 질문합니다. 시험지에는 A, B, C 3개의 보기가 제시되며, 이 가운데 질문에 대한 답을 골라 답안지의 [A] [B] [C]에 정답을 표시합니다.

◁)) 例如：女：明天下午我们一起去工厂，好吗？
男：好的，两点从办公室出发。
问：他们从哪儿出发？

A 学校　　B 工厂　　C 办公室 √

13

新BCT(A) 문제 유형 소개

2. 읽기 阅读

읽기는 총 두 부분,
30문항으로
구성되어 있습니다.

부분	문제 유형	문항 수	시험 시간
제1부분	빈칸에 들어갈 단어를 보기 중에서 고르기	10	30분
제2부분	다양한 형태의 자료와 지문을 읽고 보기 중에서 답 고르기	20	

제1부분

총 10문제이며, 맨 앞부분에 제시된 A~F까지 6개의 보기 가운데 각 문항의 빈칸에
알맞은 것을 선택하는 문제입니다. 31~35번까지 5문항은 한 문장 혹은 두 문장의
대화가 제시되며, 36~40번까지 5문항은 간단한 서식이 제시됩니다. 6개의 보기
가운데 하나는 예시의 답이므로 이를 제외한 5개의 보기를 가지고 문제를 풀고, 답안
지의 [A] [B] [C] [D] [E] [F]에 정답을 표시합니다.

📄 第31-35题

    A 劳驾   **B** 光临   **C** 干杯
    D 不客气   **E** 请稍等   **F** 哪里哪里

    例如：男：谢谢您的帮助。
           女：（   **D**   ）。

        ⋮

📄 第36-40题

    A 北京大学   **B** 1985年7月   **C** 工作经验
    D 新外大街5号   **E** 姓名   **F** 电话号码

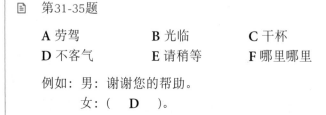

    例如： **E**   ：张晓天

    ⋮

제2부분

총 20문제이며, 사진·표·문자 메시지·이메일·광고·공고문 등 다양한 형식과 내용의 읽기 자료가 문제의 지문으로 제시됩니다. 지문 하나에 1~3문제가 출제되며, 각 문제에는 A, B, C 3개의 보기가 제시되므로 답안지의 [A] [B] [C]에 정답을 표시합니다. 두 문제 이상일 경우 문제에 번호 대신 ★가 표시되어 있으므로 문제 번호를 정확하게 인지하도록 주의합니다.

📄　54-55.

> 　　小张，我去三楼会是开会了，如果有个叫马海的人打电话找我，请告诉他四点后来我办公室。
> 　　谢谢。
>
> 　　　　　　　　　　　王东
> 　　　　　　　　2013年6月12日

★ 看到上面的留言时，王东最可能在做什么?

A 开会　　　　　　B 吃午饭　　　　　C 和马海聊天

★ 关于会议，可以知道:

A 校长要参加
B 下午4点开始
C 在三楼会议室开

新BCT(A) 문제 유형 소개

3. 쓰기 书写

총 10문제이며, 문장 속의 빈칸에 알맞은 한자를 쓰는 문제입니다. 문제에는 하나의 완전한 문장이 제시되며, 한 글자 또는 두 글자의 단어가 들어갈 빈칸이 괄호로 표시되고, 빈칸 위에는 한어병음이 제시됩니다. 61~65번까지 5문제는 한 글자, 66~70번까지는 두 글자의 단어를 쓰는 문제가 출제됩니다. 답안지에는 문제 번호 옆에 한자를 쓸 수 있도록 빈칸이 제시됩니다.

📄　例如 :

　　我2011年大学（毕^{bì}）业，已经工作三年多了。

　　　　⋮

- 이름은 영어와 한자 두 가지 모두 쓰세요.

- 수험번호 / 고사장 번호 / 국적 / 나이 / 성별을 표시하세요.

- 답안지에 답을 표시할 때는 2B 연필로 두껍게 칠하세요.

- 한자를 쓸 때는 채점자가 잘 알아볼 수 있도록 반듯하게 또박또박 쓰세요.

차례

일러두기

① 이 책은 《2012汉语拼音正司法(한어병음정사법)》에 따라 한어병음을 표기했습니다.

예) 张红 Zhān Hóng　　　北京 Běijīng　　　每年 měi nián

② 一와 不는 학습의 편의를 위해 변조로 표기했습니다.

예) 一些 yìxiē　　　不错 búcuò

③ 품사는 학습자가 쉽게 이해할 수 있도록 다음과 같이 표기했습니다.

명 명사	부 부사	수 수사	동 동사	접 연사(접속사)
양 양사	형 형용사	조 조사	대 대명사	전 개사(전치사)
조동 능원동사(조동사)				

모의고사
1 회
해설

Answer Quick Check

1 X	2 X	3 √	4 X	5 √	6 X	7 X	8 X	9 X	10 √
11 B	12 A	13 C	14 A	15 A	16 B	17 B	18 A	19 B	20 C
21 C	22 A	23 C	24 A	25 B	26 B	27 A	28 B	29 B	30 B
31 C	32 E	33 A	34 B	35 F	36 B	37 A	38 C	39 F	40 D
41 B	42 C	43 A	44 A	45 A	46 B	47 B	48 C	49 B	50 A
51 A	52 C	53 C	54 B	55 C	56 A	57 B	58 A	59 C	60 B
61 上	62 走	63 气	64 已	65 台	66 介绍	67 报纸	68 出差	69 员工	70 合作

听力

◄)) 音乐 30秒 [渐弱]

大家好！欢迎参加 BCT（A）考试。
BCT（A）听力考试分三部分，共30题。
请大家注意，听力考试现在开始。

음악 30초[점차 약해진다]

여러분 안녕하세요, BCT(A) 시험에 참가
하신 것을 환영합니다. BCT(A) 듣기 시험
은 3부분으로 나뉘며, 총 30문제입니다. 여
러분, 주의를 기울이기 바랍니다. 듣기 시험
이 지금 시작됩니다.

第一部分

◄)) 一共10个题，每题听两遍。

例如：三
　　　送礼物
现在开始第1题：

📄 第1-10题

제1부분
모두 10문제이며, 각 문제는 두 번씩 들려드
립니다.
예제: 3
　　　선물을 보내다
이제 1번 문제 시작합니다 :

例如

◄)) 三　3 ⌒ 녹음 내용입니다. 뜻을 바로 확인하세요.

MP3 파일명입니다.
문제별로 분리되어 있어서
각 문제를 반복해서
들어볼 수 있습니다.

📄

듣기 문제를 기다리면서
미리 문제 이미지를 확인해두세요!

사진을 보고 떠올릴 수 있는
단어나 표현을 보여줍니다.
미리 예상해보는 훈련을 해보세요.

문제 유형 및 풀이 방법,
주의해야 할 사항을
자세히 풀이했습니다.

ⓘ 사진을 보고 떠올릴 예상 표현　苹果　三个　三个苹果

→ 첫 번째 사진은 '사과'라는 단어를 들려주거나 개수를 세는 문제가 출제될 수 있으므로 苹果, 三个, 三个苹果
등 사진과 관련된 표현이 들리는지 주의해서 듣고 관련 내용이 나오면 답을 선택한다. 녹음에서 숫자 三을 들
려주었고 사진 속 사과 개수가 3개이므로 답으로 적절하다.　　　　　　　　　　　　　　　　정답 ✓

三 sān ㊀ 3　苹果 píngguǒ 冏 사과 ⌒ 학습에 도움이 되도록 녹음 내용 및
예상 표현에 나온 단어도 모두 보여줍니다.

◄)) 送礼物　선물을 보내다

📄

문제 풀이를 하고 바로
답을 확인할 수 있습니다.
답안지에는 2B연필로 굵게
[✓]▬▬ 이렇게 칠해주세요.

ⓘ 사진을 보고 떠올릴 예상 표현　握手

→ 두 번째 사진은 악수를 하고 있는 모습으로 握手라는 단어를 예상할 수 있다. 그런데 들리는 단어는 送礼物이
다. 送礼物는 '선물을 하다'라는 뜻으로 사진과 맞지 않으므로 정답이 아니다.　　　　　　　　정답 X

送 sòng 동 보내다, 선물하다　礼物 lǐwù 冏 선물　握手 wòshǒu 동 악수를 하다

1

1회_1부분_01

 衬衫 셔츠

ⓘ 사진을 보고 떠올릴 예상 표현 **领带 系领带 一条领带**

→ 녹음으로 들려준 단어는 '셔츠'라는 뜻의 衬衫이고, 제시된 사진은 '넥타이'이다. 领带와 衬衫은 BCT에서 자주 출제되는 단어이므로 반드시 알아둔다. 　　　　　　정답 X

衬衫 chènshān 명 셔츠　　**领带** lǐngdài 명 넥타이　　**系** jì 통 매다　　**条** tiáo 양 가늘고 긴 사물을 세는 단위

2

1회_1부분_02

 阴天 흐린 날

ⓘ 사진을 보고 떠올릴 예상 표현 **文件夹 一个文件夹**

→ 녹음에서 들려준 단어는 阴天으로 '흐린 날'이라는 뜻이고, 사진은 '클립'이므로 서로 맞지 않는다. '클립'은 文件夹이다. 　　　　　　정답 X

阴天 yīntiān 명 흐린 날　　**文件夹** wénjiànjiā 명 클립, 문서 집게　　**一** yī 수 일, 하나
个 gè 양 사물, 사람 등의 수를 세는 단위

3

1회_1부분_03

 喝茶 차를 마시다

ⓘ 사진을 보고 떠올릴 예상 표현 **喝 喝茶 饮料**

→ 녹음에서 들려준 것은 '차를 마시다'라는 뜻의 喝茶이고, 사진 속의 여성은 무엇인가 마시고 있다. 마시고 있는 것이 무엇인지는 모르지만 동작 자체는 컵을 들고 마시고 있으므로 녹음 내용과 부합한다. 　　　　　　정답 ✓

喝 hē 통 마시다　　**茶** chá 명 차　　**饮料** yǐnliào 명 음료수

4

🔊 10点 10시

📄

ⓘ 사진을 보고 떠올릴 예상 표현 8点 闹钟 钟表 现在是9点。

➡️ 사진은 '자명종'이고 시계바늘이 8시를 가리키고 있으므로 '자명종'을 뜻하는 闹钟이나 8点을 답으로 예상할 수 있다. 녹음에서는 10点이라고 시간을 말하고 있으므로 사진 속 시간과 일치하지 않는다. 정답 X

八 bā 🔢 여덟. 8   十 shí 🔢 열. 10   点 diǎn 📖 시(時)   闹钟 nàozhōng 📖 자명종
钟表 zhōngbiǎo 📖 시계   现在 xiànzài 📖 지금, 현재   是 shì 📖 ~이다

5

🔊 累 피곤하다

📄

ⓘ 사진을 보고 떠올릴 예상 표현 累 忙 他很忙。 他很累。 累死我了。

➡️ 녹음에서 들려준 累와 사진 속 남자가 피곤해 하는 모습이 일치한다. 累, 忙 등의 단어는 직장인을 묘사할 때 잘 출제되므로 반드시 알아둔다. 정답 √

累 lèi 🔵 피곤하다   忙 máng 🔵 바쁘다   死 sǐ 🔵 죽다 🔵 ~해 죽겠다. (죽도록) ~하다
了 le 🔵 동작·변화의 완료, 변화·새로운 상황의 출현 등을 표현

6

🔊 空调 에어컨

📄

ⓘ 사진을 보고 떠올릴 예상 표현 打印机 一台打印机 打印

➡️ 사진은 '프린터'인데 녹음 내용은 空调이므로 서로 일치하지 않는다. 사무용 기기는 BCT에서 자주 출제되는 단어이므로 꼭 알아둔다. 정답 X

空调 kōngtiáo 📖 에어컨   台 tái 📐 대(전자기기나 기계를 세는 단위)   打印机 dǎyìnjī 📖 프린터
打印 dǎyìn 🔵 인쇄하다

⊕ 사무용 기기

电脑 diànnǎo 몡 컴퓨터   **笔记本** bǐjìběn 몡 노트북   **复印机** fùyìnjī 몡 복사기
传真 chuánzhēn 몡 팩스

7

1회_1부분_07

◀)) **打电话** 전화를 하다

ⓘ 사진을 보고 떠올릴 예상 표현   **篮球   打篮球   投球**

→ 사진 속 남성은 농구를 하고 있다. 녹음 내용은 '전화를 걸다'이므로 사진과 부합하지 않는다. 동사 打는 손을 사용하는 다양한 동작에 사용되므로 자주 짝을 이루는 명사들과 함께 쓰임을 알아두는 것이 좋다.   정답 X

打电话 dǎ diànhuà 전화를 걸다   **打篮球** dǎ lánqiú 농구하다   **投球** tóu qiú 슛을 던지다

8

1회_1부분_08

◀)) **坐出租车** 택시를 타다

ⓘ 사진을 보고 떠올릴 예상 표현   **厨师   做菜   厨房**

→ 사진에는 요리사가 요리를 하고 있는 모습이 담겨 있고, 녹음 내용은 '택시를 타다'이므로 사진과 부합하지 않는다. '요리하다'는 做菜라고 말한다. 동사 坐와 做는 발음과 성조가 같으므로 함께 쓰이는 명사들과 쓰임을 외워두고 헷갈리지 않도록 유의한다.   정답 X

坐 zuò 동 타다   **出租车** chūzūchē 명 택시   **做** zuò 동 만들다   **菜** cài 명 요리   **厨师** chúshī 명 요리사
厨房 chúfáng 명 주방

9

🔊 三个杯子 컵 3개

📄

> ⓘ 사진을 보고 떠올릴 예상 표현   **杯子   杯子和杯垫   六个杯子**
>
> → 사진 속에 여러 개의 컵과 받침이 있는 것으로 보아, 컵과 받침대의 개수를 물어보거나 사물의 이름이 출제될 수 있다. 녹음 내용은 '컵 3개'이므로 사진 속 컵의 개수와 부합하지 않는다.   정답 X

三 sān ㊄ 3, 셋   六 liù ㊄ 6, 여섯   个 gè 양 개   杯子 bēizi 명 컵   和 hé 전 ~와
杯垫 bēidiàn 명 잔받침

10

🔊 没有钱 돈이 없다

📄

> ⓘ 사진을 보고 떠올릴 예상 표현   **钱包   钱包空了   没有钱**
>
> → 사진 속의 지갑에 돈이 하나도 없이 텅 비어 있으므로, 钱包나 没有钱이 출제될 수 있다. 녹음 내용은 '돈이 없다'라는 뜻이므로 사진과 부합한다.   정답 √

没有 méiyǒu 동 없다   钱 qián 명 돈   钱包 qiánbāo 명 지갑   空 kōng 형 (속이) 비다

第二部分

🔊 一共10个题，每题听两遍。

例如：再见，李先生。

现在开始第11题：

📄 第11-20题

제2부분
모두 10문제이며, 각 문제는 두 번씩 들려드립니다.
예제: 잘 가요, 미스터 리.
이제 11번 문제 시작합니다:

例如

MP3 파일명입니다.
반복해서 들어보세요!

🔊 再见，李先生。 잘 가요, 미스터 리. 녹음 내용입니다. 뜻을 바로 확인하세요.

📄

시험지에 나오는 문제 이미지입니다. 표정·동작·사물·배경 등에 주의해서 미리 살펴보세요!

A ✓   B   C

문제 풀이 후 정답을 바로 확인하세요. 답안지에는 2B연필로 굵게 ▬[B][C] 이렇게 표시하세요.

→ 再见은 헤어질 때 하는 인사이므로 첫 번째 그림이 적절하다.   정답 **A**

再见 zàijiàn 등 또 뵙겠습니다   **李** Lǐ 명 이(성씨)   **先生** xiānsheng 명 선생, ~씨(성인 남자에 대한 존칭)

11

🔊 我骑自行车上班。 나는 자전거를 타고 출근한다.

📄

A   B ✓   C

→ 전체 문장을 듣는 것이 가장 좋지만 그렇지 못한 경우 핵심 단어를 잘 들으면 답을 찾을 수 있다. 핵심 단어는 自行车와 上班으로, 직장인의 출근 모습을 연상시키는 양복을 입고 자전거를 타고 가는 B가 답으로 적절하다. 骑는 말을 탈 때처럼 다리를 벌리고 타는 자전거나 오토바이에 탑승할 때 쓰는 동사이다.   정답 **B**

骑 qí 등 타다   **自行车** zìxíngchē 명 자전거   **上班** shàngbān 등 출근하다

⊕ 교통수단
自行车 zìxíngchē 명 자전거   **摩托车** mótuōchē 명 오토바이   **地铁** dìtiě 명 지하철, 전철
公共汽车 gōnggòng qìchē 명 버스   **火车** huǒchē 명 기차   **飞机** fēijī 명 비행기   **船** chuán 명 배

12

1회_2부분_12

🔊 麦克到机场接客户。 마이클은 공항에 가서 손님을 마중한다.

📄

A √   B   C

→ 핵심 단어는 机场과 接客户이다. 마이클은 공항에서 손님을 마중한다고 했으므로, 남자가 여행가방을 가진 여자와 악수를 하며 인사하는 등 환영하는 분위기에 어울리는 A가 답으로 적절하다.   정답 A

麦克 Màikè 몡 마이클(인명)   **到** dào 몡 도착하다   **机场** jīchǎng 몡 공항   **接** jiē 몡 받다, 마중하다
客户 kèhù 몡 고객

13

1회_2부분_13

🔊 这家商店可以刷卡。 이 상점에서는 카드를 사용할 수 있다.

📄

A   B   C √

→ 핵심 표현은 '카드를 사용할 수 있다'라는 뜻의 可以刷卡이다. 카드를 사용하고 있는 모습을 담고 있는 C가 가장 적절하다.   정답 C

这 zhè 때 이   **家** jiā 얭 상점이나 기업 세는 단위   **商店** shāngdiàn 몡 상점
可以 kěyǐ 조롱 가능하다, ~할 수 있다   **刷卡** shuā kǎ 카드로 계산하다

14

1회_2부분_14

🔊 那个穿西装的小姐就是新来的经理。 저 양장을 입은 아가씨가 바로 새로 온 사장이다.

📄

A √   B   C

→ 핵심 단어는 穿西装的小姐로 양장을 입고 있는 아가씨를 찾아야 한다. 양장 차림의 여성은 A뿐이다.   정답 A

那 nà 때 그, 저   **个** gè 얭 개, 명(사람 또는 사물을 세는 단위)   **穿** chuān 몡 입다
西装 xīzhuāng 몡 양복, 정장   **小姐** xiǎojiě 몡 아가씨   **就** jiù 몜 곧, 즉시, 당장
新 xīn 혱 새롭다   **来** lái 몡 오다   **经理** jīnglǐ 몡 지배인, 사장, 매니저

15

◁) 你能给我看看那条裤子吗? 저 바지 좀 보여주실 수 있어요?

A √ B C

→ 핵심 단어는 裤子로, 바지를 보여주고 있는 A가 답이 된다. 　　　　　　　　　 정답 A

能 néng 조통 ~할 수 있다　给 gěi 전 ~에게　看 kàn 통 보다　条 tiáo 양 벌(바지·치마를 세는 단위)
裤子 kùzi 명 바지

⊕ 명사를 셀 때 사용하는 양사

- 个 gè 개. 명. 사람이나 사물을 세는 단위
  一个人 rén 한 사람　　　　　　一个苹果 píngguǒ 사과 한 개　一个星期 xīngqī 일주일

- 瓶 píng 병. 용기가 병으로 된 것을 세는 단위
  一瓶水 shuǐ 물 한 병　　　　　一瓶酒 jiǔ 술 한 병　　　　　一瓶牛奶 niúnǎi 우유 한 병

- 听 tīng 캔. 용기가 캔으로 된 것을 세는 단위
  一听啤酒 píjiǔ 맥주 한 캔　　　一听可乐 kělè 콜라 한 캔　　　一听雪碧 xuěbì 스프라이트 한 캔

- 杯 bēi 컵. 잔. 용기가 컵이나 잔으로 된 것을 세는 단위
  一杯咖啡 kāfēi 커피 한 잔　　　一杯茶 chá 차 한 잔　　　　一杯果汁 guǒzhī 과일주스 한 잔

- 本 běn 권. 책을 세는 단위
  一本书 shū 책 한 권　　　　　一本杂志 zázhì 잡지 한 권

- 份 fèn 부. 신문, 서류 등 문서로 된 것의 부수를 세는 단위
  一份文件 wénjiàn 서류 한 부　　一份报纸 bàozhǐ 신문 한 부　一份合同 hétong 계약서 한 부

- 张 zhāng 장. 개. 종이, 책상, 침대 등 면적이 넓은 것을 세는 단위
  一张纸 zhǐ 종이 한 장　　　　一张桌子 zhuōzi 책상 하나　　一张床 chuáng 침대 한 개

- 台 tái 대. 기계, 전자제품을 세는 단위
  一台电脑 diànnǎo 컴퓨터 한 대　一台电视 diànshì 텔레비전 한 대
  一台冰箱 bīngxiāng 냉장고 한 대　一台洗衣机 xǐyījī 세탁기 한대

- 辆 liàng 대. 차량을 세는 단위
  一辆汽车 qìchē 차량 한 대　　　一辆自行车 zìxíngchē 자전거 한 대

16

🔊 非常抱歉，这里禁止吸烟。 대단히 죄송하지만, 여기는 금연입니다.

A   B ✓   C

→ 핵심 표현은 禁止吸烟이다. 표지는 문자 정보 없이 알리고자 하는 내용을 전달하는데, BCT에서는 보통 금지 나 마트, 화장실, 지하철 등을 나타내는 표지가 잘 출제된다.   정답 B

非常 fēicháng 🔲 대단히   **抱歉** bàoqiàn 🔲 미안하다   **这里** zhèlǐ 🔲 여기   **禁止** jìnzhǐ 🔲🔲 금지(하다)
吸烟 xīyān 🔲 흡연하다

17

🔊 这是产品说明书，请您看一看。 이것은 상품설명서입니다, 한 번 보세요.

A   B ✓   C

→ A는 사진기, B는 문서를 주고받는 손동작, C는 노트북이다. 핵심 표현은 说明书와 请您看一看이며, 설명서 는 문서에 해당하고, 상대방에게 볼 것을 권유하고 있으므로 B가 녹음 내용과 부합한다.   정답 B

这 zhè 🔲 이   **是** shì 🔲 ~이다   **产品** chǎnpǐn 🔲 상품   **说明书** shuōmíngshū 🔲 설명서
请 qǐng 🔲 요청하다. 부탁하다   **您** nín 🔲 당신   **看** kàn 🔲 보다   **照相机** zhàoxiàngjī 🔲 사진기
笔记本 bǐjìběn 🔲 노트북

18

🔊 看我这儿，大家笑一笑，一、二、三！ 여기 보세요, 여러분 웃으시고요, 하나, 둘, 셋!

A ✓   B   C

→ 문장 전체가 핵심 표현이다. '내 쪽을 보고 웃으세요'라고 말하며 '하나, 둘, 셋' 숫자를 세고 있는 것으로 보아 사진을 찍고 있음을 알 수 있다. 그러므로 사진을 찍기 위해 포즈를 잡고 있는 A가 적절하다.   정답 A

看 kàn 🔲 보다   **这儿** zhèr 🔲 여기   **大家** dàjiā 🔲 모두   **笑** xiào 🔲 웃다   **一** yī 🔲 1, 하나
二 èr 🔲 2, 둘

19

1회_2부분_19

🔊 喂，你好！这里是大华公司，请问您找哪位？

여보세요, 안녕하세요! 여기는 다화회사입니다. 어느 분을 찾으세요?

A   B ✓   C

→ 인사를 하고, 회사 이름을 말하고 있는 것으로 보아 손님을 응대하고 있음을 알 수 있다. 특히 喂는 통화할 때 맨 처음 말하게 되는 '여보세요'라는 표현이므로 전화하고 있는 B가 답으로 가장 적절하다.   정답 B

大华公司 Dàhuá Gōngsī 몡 다화(회사명)   **请问** qǐngwèn 말씀 좀 여쭙겠습니다   **您** nín 데 당신
找 zhǎo 동 찾다   **哪** nǎ 데 어느   **位** wèi 양 분, 명

20

1회_2부분_20

🔊 复印机在这边，你跟我来。복사기는 이쪽에 있어요. 저를 따라 오세요.

A   B   C ✓

→ 핵심 단어는 复印机이다. 복사기가 있는 곳으로 안내하고 있으므로 C가 가장 적절하다.   정답 C

复印机 fùyìnjī 몡 복사기   **在** zài 동 ~에 있다   **这边** zhèbiān 데 이쪽   **跟** gēn 전 ~와, ~과
来 lái 동 오다

第三部分

1회_3부분_00

🔊 一共10个题，每题听两遍。

例如：女：明天下午我们一起去工厂，
好吗？

男：好的，两点从办公室出发。

问：他们从哪儿出发？

现在开始第21题：

📄 第21-30题

제3부분
모두 10문제이며, 각 문제는 두 번씩 들려드립니다.

예제: 여: 내일 오후에 우리 같이 공장에 가요, 어때요?

남: 좋아요, 2시에 사무실에서 출발하죠.

질문: 그들은 어디에서 출발하나요?

이제 21번 문제가 시작됩니다:

例如

1회_3부분_00

MP3 파일명입니다. 반복해서 들어보세요!

녹음 내용입니다. 들으면서 눈으로 확인하세요.

🔊 女：明天下午我们一起去工厂，好吗？
男：好的，两点从办公室出发。

힌트가 되는 표현입니다.

问：他们从哪儿出发？

여: 내일 오후에 우리 같이 공장에 가요, 어때요?

남: 좋아요, 2시에 사무실에서 출발하죠.

질문: 그들은 어디에서 출발하나요?

📄 A 学校
B 工厂
C 办公室 ✓

시험지에 나오는 보기입니다. 녹음만 듣고 바로 답을 확인해 보세요.

A 학교
B 공장
C 사무실

문제 풀이 후 바로 정답을 확인하세요. 답안지에는 2B연필로 [A] [B] 이렇게 표시하세요.

→ 주어진 보기를 살펴보면 장소에 관련된 문제임을 알 수 있다. 그러므로 출발지를 묻는지, 현재 있는 장소를 묻는지 아니면 도착지를 묻는지 질문을 잘 들어야 한다. 녹음에서 목적지인 공장과 출발지인 사무실 두 개의 장소가 나오는데, 질문에서 从哪儿出发, 즉 어디에서 출발하는지를 묻고 있으므로 사무실이 답이 된다. **정답 C**

明天 míngtiān 圈 내일 　**下午** xiàwǔ 圈 오후 　**一起** yìqǐ 囝 같이, 함께 　**去** qù 图 가다

工厂 gōngchǎng 圈 공장 　**两** liǎng 囹 2, 둘 　**点** diǎn 圈 시 　**从** cóng 젠 ~부터

办公室 bàngōngshì 圈 사무실 　**出发** chūfā 圈图 출발(하다) 　**哪儿** nǎr 떼 어디 　**学校** xuéxiào 圈 학교

21

1회_3부분_21

◁)) 女：你能在北京住几天？
男：北京两天，上海三天。出差日程很
　　紧张。

问：男的这次能在中国住多长时间？

📄 A 两天
　 B 三天
　 C 五天 √

여: 베이징에 며칠 묵을 수 있어요?
남: 베이징 2일, 상하이 3일. 출장 일정이 매
　 우 빡빡해요.

질문: 남자는 이번에 중국에서 얼마 동안 머
　　물 수 있나요?

A 2일
B 3일
C 5일

→ 보기에서 기간을 제시하고 있으므로 '어떤' 기간에 대해 질문할 것인지를 파악하는 것이 이 문제의 핵심이다.
따라서 多长时间보다 범위를 한정해주는 在中国住라는 표현을 들어야 정확한 답을 알 수 있다. 남자는 베이
징에서 2일, 상하이에서 3일간 머물 예정이라고 말했으며, 질문에서는 '중국에서' 머물 기간을 묻고 있으므로
정답은 이 둘을 모두 합친 5일이다.
　　정답 C

能 néng 조동 ～할 수 있다　　在 zài 전 ～에서　　北京 Běijīng 명 베이징(지명)　　住 zhù 통 머물다. 묵다
几 jǐ 대 몇, 얼마　　天 tiān 명 일, 날　　两 liǎng 수 2, 둘　　上海 Shànghǎi 명 상하이(지명)
出差 chūchāi 통 출장가다　　日程 rìchéng 명 일정　　很 hěn 부 매우
紧张 jǐnzhāng 형 긴장하다, 빡빡하다　　男的 nánde 명 남자　　次 cì 양 회, 번, 채동작의 횟수를 세는 단위)
中国 Zhōngguó 명 중국　　住 zhù 통 머무르다, 살다　　多长 duō cháng 얼마 동안　　时间 shíjiān 명 시간

22

1회_3부분_22

◁)) 男：这台传真机又坏了，上次已经修过
　　一次了。
女：那就再修一次吧，如果再坏，就买
　　新的吧。

问：他们决定这次怎么做？

📄 A 修理 √
　 B 退货
　 C 买新的

남: 이 팩스 또 고장 났어, 지난번에 한 번 수
　 리했는데.
여: 그럼 한 번 더 수리하자, 만약 또 고장이
　 나면 새로 사자.

질문: 그들은 이번에 어떻게 하기로 결정했
　　나요?

A 수리한다
B 반품한다
C 새것을 산다

→ 怎么는 '어떻게, 어째서'라는 뜻으로 방법이나 이유를 묻는 대명사이다. 怎么做는 '어떻게 하는가'라는 뜻으로
방법을 묻는 표현이다. 여자는 단정적인 어기로 那就再修一次吧, 즉 '다시 한 번 수리하자'고 말하고 있다.
　　정답 A

这 zhè 대 이　　台 tái 양 대　　传真机 chuánzhēnjī 명 팩스　　又 yòu 부 또　　坏 huài 형 고장 나다, 나쁘다
上次 shàng cì 명 지난번　　已经 yǐjīng 부 이미, 벌써　　修 xiū 통 수리하다　　过 guo 조 ～한 적이 있다
次 cì 양 회, 번, 채동작의 횟수를 세는 단위)　　那 nà 대 그, 저　　就 jiù 부 바로　　再 zài 부 다시
如果 rúguǒ 접 만약　　买 mǎi 통 사다　　新 xīn 형 새롭다　　决定 juédìng 명동 결정(하다)
怎么 zěnme 대 어떻게　　做 zuò 통 하다　　修理 xiūlǐ 통 수리하다　　退货 tuìhuò 통 반품하다

23

◁))
1회_3부분_23

男: 今天商场有活动, 十元一件, <u>买五</u>
<u>件以上, 每件六元。</u>
女: 师傅, 我买这六件。

问: 女的花了多少钱?

A 60元
B 120元
C 36元 √

남: 오늘 저희 상점에서 이벤트 합니다. 한
벌에 10위안, <u>다섯 벌 이상 사면 한 벌에 6위</u>
<u>안씩입니다.</u>
여: 아저씨, 저 이렇게 6벌 주세요.

질문: 여자는 얼마를 썼나요?

A 60위안
B 120위안
C 36위안

→ 多少钱은 금액을 묻는 표현이며, 답안에도 금액이 제시되었으므로 어떤 비용에 대해 질문할지 잘 들어야 한
다. 여자는 총 6벌을 골랐고, 한 벌에 10위안이지만 5벌 이상 구입하면 한 벌에 6위안이라고 했으므로 '6위안 x
6벌 = 36위안'이다. 花는 '꽃'이라는 뜻 이외에 '(돈이나 시간을) 쓰다'라는 뜻으로도 많이 사용된다.   정답 C

今天 jīntiān 몡 오늘   商场 shāngchǎng 몡 상점   有 yǒu 동 있다   活动 huódòng 몡 활동. 이벤트
元 yuán 양 위안(중국 화폐단위)   件 jiàn 양 벌. 건(옷·사건 등을 세는 단위)   买 mǎi 동 사다
以上 yǐshàng 몡 이상   每 měi 대 매. 각. ~마다   师傅 shīfu 몡 타인에 대한 일반적인 존칭
女的 nǚde 몡 여자   花钱 huāqián 동 돈을 쓰다   多少 duōshao 대 얼마. 몇

24

◁))
1회_3부분_24

女: 我的银行卡怎么不能用啊?
过期了吗?
男: 不是, <u>您的卡还没有交年费。</u>

问: 女的为什么不能用卡?

A 没交年费 √
B 过期了
C 没带了

여: 제 은행카드를 왜 사용할 수 없죠? 유효
기간이 지났나요?
남: 아니에요. <u>카드 연회비를 아직 안 내셨</u>
<u>어요.</u>

질문: 여성은 왜 카드를 사용할 수 없나요?

A 연회비를 내지 않았다
B 유효기간이 지났다
C 가지고 오지 않았다

→ 카드 사용은 이제 일상화되었으므로 관련 표현들을 반드시 익혀두는 것이 좋다. 여자는 왜 카드를 사용할 수
없는지 이유를 몰라 묻고 있으며, 남자가 그 이유를 설명하고 있다. 여자가 유효기간이 지났는지를 묻는 것은
함정이므로, 남자의 말을 끝까지 잘 듣고 답을 고르는 것이 중요하다.   정답 A

银行 yínháng 몡 은행   卡 kǎ 몡 카드   怎么 zěnme 대 어떻게. 왜   能 néng 조동 ~할 수 있다
用 yòng 동 쓰다. 사용하다   过期 guòqī 동 기간이 지나다   还 hái 부 아직   交 jiāo 동 건네다. 내다
年费 niánfèi 몡 연회비   女的 nǚ de 몡 여자   为什么 wèishénme 대 왜. 어째서   带 dài 동 지니다

25

1회_3부분_25

🔊 男：小李，我桌子上的报告是今年的吗？
　　女：不是，<u>那是去年的</u>，今年的在我这儿。

　　问：男的桌子上的报告是哪年的？

📄 A 今年
　　B 去年 ✓
　　C 前年

남: 샤오 리, 내 책상 위에 있는 보고서가 올해 건가요?
여: 아니요, <u>그건 작년 거예요</u>, 올해 것은 저에게 있어요.
질문: 남자의 책상 위에 있는 보고서는 어느 해의 것인가요?
A 올해
B 작년
C 재작년

→ 보기에 시기가 제시되어 있으므로 어떤 시기를 묻는지 질문을 잘 들어야 한다. 질문에서 남자의 책상 위에 있는 보고서가 언제 것인지 묻고 있다. 여자는 '남자의 책상 위에 있는 보고서'를 那로 받고 있으므로 여기에 혼동하지 않도록 해야 한다. 我这儿은 '내 쪽'이라는 뜻으로, 장소명사가 아닌데 장소로 활용하고자 할 경우 뒤에 这儿이나 那儿을 붙여서 장소임을 표시한다.
　　　　정답 B

小李 Xiǎo Lǐ 🏷 샤오 리(호칭)　桌子 zhuōzi 🏷 책상, 탁자　上 shàng 🏷 위
报告 bàogào 🏷🏷 보고서, 보고(하다)　今年 jīnnián 🏷 올해　那 nà 🏷 그, 저　去年 qùnián 🏷 작년
这儿 zhèr 🏷 여기　男的 nánde 🏷 남자　哪 nǎ 🏷 어느　年 nián 🏷 해, 년　前年 qiánnián 🏷 재작년

⊕ 날짜

天 tiān 하루, 날, 일	星期 xīngqī 주, 주일	月 yuè 월
年 nián 년	前天 qiántiān 그저께	昨天 zuótiān 어제
今天 jīntiān 오늘	明天 míngtiān 내일	后天 hòutiān 모레
前年 qiánnián 재작년	去年 qùnián 작년	今年 jīnnián 올해
明年 míngnián 내년	后年 hòunián 내후년	
星期一 xīngqī yī 월요일	星期二 xīngqī èr 화요일	星期三 xīngqī sān 수요일
星期四 xīngqī sì 목요일	星期五 xīngqī wǔ 금요일	星期六 xīngqī liù 토요일
星期天 xīngqī tiān 일요일		

26

1회_3부분_26

🔊 女：老板，谈了两个小时了，休息一会儿好吗？
　　男：好吧，<u>拿点儿喝的吧</u>，谈完再出去吃晚饭吧。

　　问：女的应该给大家准备什么？

📄 A 晚饭
　　B 咖啡 ✓
　　C 水果

여: 사장님, 두 시간 동안 논의했는데, 잠깐 쉬는 것이 어떨까요?
남: 그럽시다. 마실 것 좀 가져오세요. 논의를 마치고 저녁 먹으러 갑시다.
질문: 여자는 사람들에게 무엇을 준비해야 주어야 하나요?
A 저녁 식사
B 커피
C 과일

→ 여자가 老板이라고 부른 것으로 보아 사장과 대화 중이라는 것을 알 수 있다. 사장이 여자에게 지시한 내용이 무엇인지를 잘 파악하는 것이 중요하다. 사장은 여자에게 拿点儿喝的吧, 즉 '마실 것을 가져오라'고 지시하고 있으므로, 보기 가운데 '마실 것'에 해당하는 커피가 답으로 가장 적절하다.
　　　　정답 B

老板 lǎobǎn 🏷 사장　谈 tán 🏷 논의하다　小时 xiǎoshí 🏷 시간　休息 xiūxi 🏷🏷 휴식(하다)
一会儿 yíhuìr 잠시, 곧, 잠깐　拿 ná 🏷 들다　完 wán 🏷 마치다　再 zài 🏷 다시, 또
出去 chūqù 🏷 나가다　吃 chī 🏷 먹다　晚饭 wǎnfàn 🏷 저녁밥　应该 yīnggāi 🏷 마땅히 ~해야 하다
给 gěi 🏷 ~에게, ~에게 주다　大家 dàjiā 🏷 모두, 여러분, 사람들　准备 zhǔnbèi 🏷 준비하다
什么 shénme 🏷 무엇, 무슨, 어느　咖啡 kāfēi 🏷 커피　水果 shuǐguǒ 🏷 과일

◀)) 女：您好，请问您办理什么业务？
男：我想申请一张国际信用卡。请问需要什么手续？

问：这段对话可能发生在什么地方？

📋 A 银行 √
B 机场
C 旅行社

여: 안녕하세요, 어떤 일을 처리하려고 하시나요?
남: 저 국제신용카드를 신청하려고요. 어떤 수속이 필요한가요?

질문: 이 대화는 어디에서 일어났을까요?

A 은행
B 공항
C 여행사

→ 대화가 일어난 장소를 묻고 있다. 핵심 표현은 申请一张国际信用卡이다. 신용카드 신청 문의를 하고 있으므로 대화가 일어난 곳은 은행을 비롯한 금융기관일 가능성이 가장 높다. 　　　　　　　　정답 A

请问 qǐngwèn 말씀 좀 여쭙겠습니다　办理 bànlǐ 图 처리하다　什么 shénme 때 무엇, 무슨, 어느
业务 yèwù 图 업무　想 xiǎng 조동 ~하고 싶다　申请 shēnqǐng 图 신청하다
张 zhāng 図 장, 개(종이·책상·침대 따위의 넓은 표면을 가진 것을 세는 단위)　国际 guójì 図 국제
信用卡 xìnyòngkǎ 図 신용카드　需要 xūyào 图图 필요(하다)　手续 shǒuxù 図 수속　段 duàn 図 단락
对话 duìhuà 図 대화　可能 kěnéng 图 아마도　发生 fāshēng 图图 발생(하다)　在 zài 図 ~에서
地方 dìfang 図 곳, 장소　银行 yínháng 図 은행　机场 jīchǎng 図 공항　旅行社 lǚxíngshè 図 여행사

◀)) 女：你们坐飞机去上海吗？
男：坐飞机太贵了，我们坐火车去。

问：男的怎么去上海？

📋 A 坐飞机
B 坐火车 √
C 坐地铁

여: 너희 비행기 타고 상하이에 가는 거야?
남: 비행기는 너무 비싸, 우리는 기차를 타고 가.

질문: 남자는 어떻게 상하이에 가나요?

A 비행기를 탄다
B 기차를 탄다
C 지하철을 탄다

→ 보기에 교통수단이 제시되어 있으므로 무엇을 잘 들어야 하는지 예상할 수 있다. 대화에서 비행기와 기차가 언급되고 있으나, 끝까지 잘 듣고 남자가 기차를 타고 가기로 했음을 기억하고 있어야 한다. 　　　　정답 B

坐 zuò 图 타다　飞机 fēijī 図 비행기　去 qù 图 가다　上海 Shànghǎi 図 상하이(지명)　太 tài 图 너무
贵 guì 図 비싸다　火车 huǒchē 図 기차　怎么 zěnme 때 어떻게　地铁 dìtiě 図 지하철, 전철

29

1회_3부분_29

🔊 男：请问，李经理在吗？这里有一个文件要他签收。
女：他在，你在这儿稍等一下。

问：男的来做什么？

📄 A 找朋友
B 送文件 ✓
C 谈生意

남: 저기, 이 사장님 계세요? 서명해주셔야 하는 서류가 하나 있는데요.
여: 계세요, 여기에서 잠시 기다리세요.
질문: 남자는 무엇을 하러 왔나요?

A 친구를 찾으러
B 서류를 전달하러
C 사업 이야기를 하러

→ 핵심 표현은 这里有一个文件要他签收이다. 남자가 '이 사장'이라는 사람을 찾고 있고, 서류에 서명을 받아야 한다고 말하고 있으므로 서류를 전달하러 온 것임을 알 수 있다. 정답 B

请问 qǐngwèn 말씀 좀 여쭙겠습니다　李 Lǐ 명 이(성씨)　经理 jīnglǐ 명 지배인, 사장, 매니저
在 zài 전동 ~에, ~에 있다　这里 zhèlǐ 대 여기　文件 wénjiàn 명 서류　要 yào 조동 ~해야 하다
签 qiān 서명하다　收 shōu 동 받다　这儿 zhèr 대 여기　稍 shāo 부 잠깐　等 děng 동 기다리다
一下 yíxià 양 1회, 한 번(동사 뒤에 놓여 '~좀 해보다'라는 뜻으로 사용)　来 lái 동 오다　做 zuò 동 하다
什么 shénme 대 무엇, 무슨　找 zhǎo 동 찾다　朋友 péngyou 명 친구　送 sòng 동 보내다, 선물하다
谈 tán 동 이야기를 하다　生意 shēngyì 명 장사, 사업

30

1회_3부분_30

🔊 女：我每周都去游泳，你也应该多去运动运动。
男：听新闻说跑步是一种最简单的锻炼方式。

问：男士很可能怎样锻炼身体？

📄 A 游泳
B 跑步 ✓
C 旅游

여: 난 매주 수영하러 다녀, 너도 운동 많이 해야 해.
남: 뉴스에서 들었는데, 달리기가 가장 간단한 운동 방식이래.
질문: 남자는 어떻게 체력단련을 할 것 같나요?

A 수영을 한다
B 달리기를 한다
C 여행을 간다

→ 남자에 관한 질문을 하고 있으므로 남자의 말이나 관련 내용이 중요하다. 여성은 수영을 하고 있다고 했고 남성은 '달리기가 좋은 운동이라고 들었다'고 했으므로 운동을 한다면 달리기를 할 가능성이 가장 높다. 정답 B

每 měi 대 매, 각, ~마다　周 zhōu 명 주, 주일　游泳 yóuyǒng 명동 수영(하다)
应该 yīnggāi 조동 마땅히 ~해야 하다　运动 yùndòng 명동 운동(하다)
听说 tīngshuō 동 듣자 하니 ~라 하다　新闻 xīnwén 명 뉴스　跑步 pǎobù 명 달리다
种 zhǒng 양 종류, 부류　最 zuì 부 가장, 제일　简单 jiǎndān 형 간단하다　锻炼 duànliàn 동 단련하다
方式 fāngshì 명 방식　可能 kěnéng 부 아마도　旅游 lǚyóu 명동 여행(하다)

🔊 听力考试现在结束。

듣기 시험이 지금 끝났습니다.

阅读

第一部分 📄 第31-40题

31~35 📄

A 新产品	B 没办法	C 请问
D 不客气	E 合同	F 欢迎

문제에 나오는 보기입니다. 문제 풀이 전에 미리 내용을 확인하세요!

A 신상품	B 어쩔 수가 없다	C 말씀 좀 여쭙겠습니다
D 천만에요	E 계약서	F 환영하다

新产品 xīnchǎnpǐn 명 신상품　**没办法** méi bànfǎ 어쩔 수가 없다　**请问** qǐngwèn 말씀 좀 여쭙겠습니다
不客气 bú kèqì 천만에요　**合同** hétong 명 계약서　**欢迎** huānyíng 통 환영하다

짧은 대화를 보고 빈칸에 알맞은 표현을 보기에서 찾는 문제입니다.
정답을 넣은 완전한 문장을 읽고 난 후 풀이를 보세요.
예제의 정답은 문제 풀 때 제외하고 풀도록 합니다.

例如 📄

男：谢谢您的帮助。
女：(不客气)。

남: 도와줘서 고마워요.
여: (천만에요).

→ 남자는 여자에게 감사를 표시하고 있다. 감사 표현에 대한 응답으로는 보통 不客气라는 상투어를 사용한다는 것을 기억하자. 예제에 사용된 보기는 실제 문제의 답으로 중복 사용되지 않으므로 이를 제외하고 다음에 제시된 다섯 문제를 푼다.　　**정답 D**

谢谢 xièxie 감사합니다　**您** nín 때 당신　**帮助** bāngzhù 통 돕다

문제 풀이 후 정답을 바로 확인하세요.
당안지에는 2B연필로 굵게 [A] [B] [C] ■ [E] [F]
이렇게 표시하세요.

---

31 📄

男：(请问)，充值卡有优惠吗?
女：有，买一送一，送你一张10元的卡。

남: (말씀 좀 여쭙겠습니다), 충전 카드에 혜택이 있어요?
여: 있어요, 하나 사시면 하나를 더 드려요, 10위안짜리 카드를 드립니다.

→ 빈칸 뒤에 남자의 질문이 이어지고, 여자가 그 대답을 해주고 있다. 타인에게 길을 묻거나 뭔가를 문의할 때는 '저기요, 말씀 좀 물을게요'의 뜻을 지닌 请问을 사용하여 말을 건다.　　**정답 C**

充值卡 chōngzhíkǎ 명 충전 카드　**优惠** yōuhuì 형 특혜의
买一送一 mǎi yī sòng yī 1+1, 하나를 구입하면 하나를 더 주는 행사　**送** sòng 통 보내다, 선물하다
张 zhāng 양 장, 개(종이·책상·침대 따위의 넓은 표면을 가진 것을 세는 단위)

32

📄 男：经理，这个(合同)要准备几份？
女：三份就够了。

남: 사장님, 이 (계약서)를 몇 부 준비 할까요?
여: 3부면 충분해요.

→ 이 문장은 '지시대사 + 수사 + 양사 + 명사'의 형식으로 괄호에는 명사성 어구가 필요한데, 보기 중 명사성 어구는 合同과 新产品뿐이다. 가장 중요한 힌트는 양사 份이다. 괄호 뒤에 份은 문서나 신문 등을 세는 양사로, '신상품 한 부'보다는 '계약서 한 부'가 적절하므로 合同이 답으로 적절하다. 정답 E

经理 jīnglǐ 圆 지배인, 사장, 매니저　**合同** hétong 圆 계약서　**要** yào 圆 요구하다
准备 zhǔnbèi 圆 준비하다　**份** fèn 圆 벌, 세트(문서·묶음 등을 세는 단위)　**够** gòu 圆 충분하다

33

📄 男：这个价格太贵了，你能不能便宜一点？
女：非常抱歉，这是(新产品)，不能再便宜了。

남: 이거 값이 너무 비싸요, 좀 싸게 해줄 수 있어요?
여: 대단히 죄송합니다, 이것은 (신상품)이라, 더 싸게 해드릴 수가 없어요.

→ 남자가 할인을 요청하자 여자는 사과하며 깎아줄 수 없다고 했다. 사과와 결론 사이에 빈칸이 있는 것으로 보아 깎아 줄 수 없는 이유를 설명하고 있음을 추측해볼 수 있다. 这是……는 설명할 때 쓰는 문형으로, 是 뒤에는 명사성 어구 형태의 목적어가 와야 한다. 보기 중에 어울리는 명사는 新产品이다. 정답 A

价格 jiàgé 圆 가격　**太** tài 圆 너무　**贵** guì 圆 비싸다　**能** néng 조동 ~할 수 있다
便宜 piányi 圆 싸다, 저렴하다　**非常** fēicháng 圆 대단히　**抱歉** bàoqiàn 圆 미안하다

34

📄 男：这个会议室怎么能坐下20个人？
女：(没办法)，别的都有人用了。

남: 이 회의실에 어떻게 20명이 앉을 수가 있어요?
여: (어쩔 수 없어요), 다른 곳은 모두 다른 사람들이 사용하고 있어요.

→ 남자가 '회의실에 20명이 앉을 수 있냐'고 회의적으로 묻자 여자가 이 회의실을 사용하는 이유를 말하고 있다. 다른 회의실은 전부 다른 사람들이 사용하고 있어서 사용할 수 없다고 했으므로 상황으로 보아 '어쩔 수 없다'는 뜻을 지닌 没办法가 답으로 적절하다. 정답 B

会议室 huìyìshì 圆 회의실　**怎么** zěnme 때 어떻게　**坐** zuò 圆 앉다
个 gè 圆 개, 명(사람이나 사물을 세는 단위)　**人** rén 圆 사람　**没办法** méi bànfǎ 어쩔 수 없다, 방법이 없다
别 bié 圆 ~하지 마라(금지)　**有人** yǒu rén 어떤 사람, 누군가　**用** yòng 圆 쓰다, 사용하다

35

如果你有时间的话，(欢迎)到我们工厂参观。

만약 시간이 되시면, 저희 공장에 참관하러 오시는 것을 (환영합니다).

→ '시간 되시면'과 '우리 공장에 가서 참관하세요'라는 표현을 자연스럽게 연결시켜줄 수 있는 표현은 보기 중 欢迎뿐이다. 다른 보기는 넣어도 앞뒤 표현이 어울리지 않는다. 欢迎은 뒤에 문장 또는 구 형태의 목적어를 취할 수 있다.

정답 F

如果 …的话 rúguǒ …de huà 만약 ~하다면 **时间** shíjiān [명] 시간 **欢迎** huānyíng [동] 환영하다
工厂 gōngchǎng [명] 공장 **参观** cānguān [명][동] 참관(하다), 견학(하다)

36 ~ 40

A 2014年7月9日	B 留言	C 陈先生
D 电话号码	E 姓名	F 三点以后回电话

A 2014년 7월 9일	B 메시지를 남기다	C 천 선생
D 전화번호	E 성명	F 3시 이후 회신전화를 하다

문제에 나오는 보기입니다. 문제를 풀기 전에 미리 내용을 확인하세요.

例如：	E	：	张 晓 天
36.	______	：	给刘小姐
37.	日　　期	：	______
38.	留 言 者	：	______
39.	内　　容	：	______
40.	______	：	65496688 转 117

간단한 서식에 들어갈 알맞은 항목명과 내용을 찾는 문제입니다. 문제 풀이를 한 뒤 빈칸에 정답을 넣어서 전체 서식을 확인해보세요.

年 nián [명] 년 **月** yuè [명] 월 **日** rì [명] 일 **留言** liúyán [명][동] 메모(를 남기다) **陈** Chén [명] 진(성씨)
先生 xiānsheng [명] 선생, ~씨(성인 남성에 대한 존칭) **电话号码** diànhuà hàomǎ [명] 전화번호
姓名 xìngmíng [명] 성명 **点** diǎn [명] 시(時) **以后** yǐhòu [명] 이후
回电话 huí diànhuà 전화를 회신하다, 다시 전화를 걸다 **给** gěi [전] ~에게 **刘** Liú [명] 유(성씨)
小姐 xiǎojiě [명] 아가씨 **日期** rìqī [명] 날짜 **内容** nèiróng [명] 내용 **转** zhuǎn [동] 돌리다, 바꾸다
者 zhě [조] 자, 것(동사·형용사 뒤에 쓰여 그러한 성질을 가지고 있거나 동작을 하는 사람·사물을 가리킴)

예제입니다. 문제 풀 때 예제의 정답을 제외하고 풀도록 하세요.

例如

(姓名)：张 晓 天

(이름) : 장샤오톈

→ 장샤오톈은 이름이므로 항목명으로 E 姓名이 가장 적절하다.

정답 E

例如 lìrú [동] 예를 들다 **张** Zhāng [명] 장(성씨)

문제 풀이 후 정답을 바로 확인하세요.
답안지에는 2B연필로 굵게
[A] [B] [C] [D] ■ [F]
이렇게 표시하세요.

36

📄 (留言): 给刘小姐   (메모) : 리우 양에게

→ '리우 양에게'로 보아 이 쪽지는 '리우양에게' 남기는 '메시지'이다. 이름 앞에 사용된 给는 대상을 표시하는 전치사이므로 놓치지 않도록 주의한다. 이름이 나왔기 때문에 姓名을 선택할 수도 있으나, 이미 〈예제〉에서 사용되었으므로 제외한다. 따라서 상대방에게 무엇을 하고자 하는지를 나타낼 수 있는 留言이 답으로 적절하다.

정답 B

37

📄 日期: (2014年 7月 9日)   날짜 : (2014년 7월 9일)

→ 노출된 정보는 '날짜'이다. 날짜에 해당되는 것은 '2014년 7월 9일'뿐이다.

정답 A

38

📄 留言者: (陈先生)   메모 남긴 이 : (천 선생)

→ 노출된 정보는 '메모를 남긴 사람'이다. 사람을 표현하는 이름 또는 호칭이 빈칸에 들어갈 수 있다. 그러므로 '천 선생'이 답으로 가장 적절하다.

정답 C

39

📄 内容: (三点以后回电话)   내용 : (3시 이후에 회신전화)

→ 노출된 정보는 '내용'이다. 전달하고자 하는 내용에 해당하는 것은 보기 중 '3시 이후에 전화 회신(요망)'이 해당된다.

정답 F

40

📄 (电话号码): 65496688 转 117   (전화번호) : 65496688 교환 117

→ 노출된 정보가 '65496688 转 117'인데, 转은 전화로 내선번호를 연결할 때 사용하는 표현이다. 이를 통해 이 번호가 전화번호임을 알 수 있다.

정답 D

第二部分 📄 第41-60题

例如 📄

시험지에 나오는 문제입니다.
이미지와 내용을 꼼꼼히 살펴보는
훈련을 하세요.

★ 这是什么地方?
A 机场
B 会议室
C 洗手间 ✓

★여기는 어디인가요?
A 공항
B 회의실
C 화장실

문제 해석입니다.
바로바로 확인하세요.
모르는 단어는 아래에서
자세히 확인하세요.

해당 번호를 대신하여 ★로 표시합니다.
2문제 이상일 경우 헷갈리지 않도록
먼저 문제 번호를 표시해두세요.

다양한 형태의 읽기 문제를 푸는 데
도움이 되도록 문제유형 분석,
풀이 방법, 참고 사항이 담겨 있습니다.

→ 표지, 즉 사인은 문자정보 없이 그림만으로 사람들에게 정보를 전달한다. BCT에서는 금지 표지, 공항, 마트, 지하철 등의 사인이 전달하고자 하는 정보를 잘 이해하고 있는가에 대한 문제가 종종 출제된다. 사진은 남녀의 모습으로 보통 화장실 앞에서 잘 볼 수 있는 표지로, 정답은 C이다.

정답 C

这 zhè 때 이   什么 shénme 때 무엇, 무슨, 어느   地方 dìfang 명 장소, 곳   机场 jīchǎng 명 공항
会议室 huìyìshì 명 회의실   洗手间 xǐshǒujiān 명 화장실

문제 풀이 후 정답을 바로 확인하세요.
답안지에는 2B연필로 [A] [B]■
이렇게 표시하세요.

---

41 📄

★ 根据这个标志可以知道，这里：
A 可以充电
B 禁止打电话 ✓
C 不卖手机

★이 표지로 알 수 있는 것으로, 이곳은:
A 충전할 수 있다
B 전화 통화를 금지한다
C 휴대전화를 팔지 않는다

→ 표지를 보고 표지가 의미하는 것을 이해하는지를 보는 문제이다. 보통 붉은 색 테두리의 둥근 원 안에 사선으로 금을 그은 표지는 '금지'를 뜻하며 그 원 안의 이미지는 금지 내용을 나타낸다. 금지 표시 안에 휴대전화가 있으므로, '전화 통화를 금지한다'고 말한 B가 답으로 적절하다.

정답 B

根据 gēnjù 전 ~에 근거하다   标志 biāozhì 명 표지   可以 kěyǐ 조동 ~할 수 있다   知道 zhīdào 동 알다
这里 zhèlǐ 때 여기   充电 chōngdiàn 동 충전하다   禁止 jìnzhǐ 동 금지하다
打电话 dǎ diànhuà 전화를 걸다   卖 mài 동 팔다   手机 shǒujī 명 휴대전화, 핸드폰

42

中国工商银行

经理 **张红**

地址: 上海市长宁区中山路16号
电话: 8679-7656
传真: 8679-7657
手机: 13198885678
E-mail:zhanghong@hotmail.com

중국궁상은행
사장 장홍

주소: 상하이시 창닝구 중산로16호
전화: 8679-7656
팩스: 8679-7657
휴대전화: 13198885678
E-mail: zhanghong@hotmail.com

★ 张红在哪儿工作?

A 医院
B 商场
C 银行 √

★ 장홍은 어디에서 일하나요?

A 병원
B 상점
C 은행

→ 직장인이라면 누구나 비즈니스를 하면서 명함을 주고받으며 인맥을 쌓게 된다. 명함에는 회사명, 직위, 주소, 연락처 등 그 사람에 대한 정보가 간단히 적혀 있는데, BCT에서는 명함을 보고 필요한 정보를 찾는 문제가 종종 출제된다. 질문에서 어디서 일하는지 묻고 있는데, 명함에서 회사명은 보통 큰 글자로 맨 위에나 가운데 쓰여 있다. '중국궁상은행'이라 쓰여 있으므로 직장이 은행임을 알 수 있다. 정답 C

中国工商银行 Zhōngguó Gōngshāng Yínháng 圐 중국궁상은행
张红 Zhāng Hóng 圐 장홍(인명)   **经理** jīnglǐ 圐 지배인, 사장, 매니저   **地址** dìzhǐ 圐 주소
上海 Shànghǎi 圐 상하이(지명)   **市** shì 圐 시(행정 구획 단위)   **长宁区** Chángníng Qū 圐 창닝구(지명)
中山路 Zhōngshān Lù 圐 중산로(지명)   **号** hào 圐 호, 번호   **电话** diànhuà 圐 전화
传真 chuánzhēn 圐 팩스   **手机** shǒujī 圐 휴대전화, 핸드폰   **哪儿** nǎr 떼 어디, 어느 곳
工作 gōngzuò 圐圐 일하다   **医院** yīyuàn 圐 병원   **商场** shāngchǎng 圐 상점

43

招聘

单位: 北京五星公司
职位: 总经理办公室秘书
人数: 1名
要求: 大学毕业, 英语流利,
      30岁以下

구인

업무기관: 베이징우싱회사
직위: 사장 사무실 비서
인원수: 1명
조건: 대학 졸업, 영어 유창, 30세 이하

★ 公司需要招:

A 秘书 √
B 总经理
C 大学生

★ 회사에서 모집하는 것은:

A 비서
B 사장
C 대학생

→ 구인공고에는 보통 회사명, 직위, 인원수, 조건 등이 제시된다. 招는 '사람을 모집하다'라는 뜻으로 구인광고에 항상 사용되므로 반드시 숙지한다. 회사에서 어떤 사람을 모집하는지 묻고 있으므로 职位에 답이 있다. 사장 사무실 비서를 구하고 있으므로 정답은 A가 된다. 섣불리 사장을 답으로 선택하지 않도록 주의한다. 정답 A

招聘 zhāopìn [동] 초빙하다, 모집하다　单位 dānwèi [명] 단체, 기관 혹은 그에 속한 부서, 직장
北京五星公司 Běijīng Wǔxīng Gōngsī [명] 베이징우싱회사(회사명)　职位 zhíwèi [명] 직위
总经理 zǒngjīnglǐ [명] 총지배인, 사장　办公室 bàngōngshì [명] 사무실　秘书 mìshū [명] 비서
人 rén [명] 사람　数 shù [명] 수　名 míng [명] 명(사람을 세는 단위)　要求 yāoqiú [명][동] 요구(하다)
大学 dàxué [명] 대학　毕业 bìyè [명][동] 졸업(하다)　英语 Yīngyǔ [명] 영어
流利 liúlì [형] (문장, 말 따위가) 유창하다　岁 suì [명][양] 살, 세(나이를 세는 단위)　以下 yǐxià [명] 이하
需要 xūyào [명][동] 필요(하다)　招 zhāo [동] 손짓하다, 모집하다　大学生 dàxuéshēng [명] 대학생

44

2013年中国手机市场占有率

2013년 중국 핸드폰시장 점유율

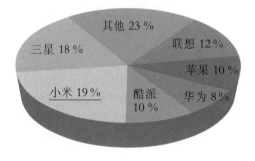

기타 23 %
삼성 18 %
쿠파이 10 %
화웨이 8 %
애플 10 %
레노버(렌샹) 12 %
샤오미 19%

★ 哪家公司的手机最受欢迎?

A 小米 ✓

B 苹果

C 联想

★ 어느 회사의 휴대전화가 가장 인기 있나
요?

A 샤오미

B 애플

C 레노버(렌샹)

→ 그래프는 다양한 형태로 출제되며, 문제에서처럼 원 그래프는 보통 점유율을 나타낼 때 많이 사용된다. 제시된 그래프는 2013년도 중국 휴대전화 시장 점유율을 나타내는 그래프이다. 가장 인기 있는 휴대전화를 묻고 있으므로 정답은 퍼센티지가 가장 높은 A가 된다. 기타는 점유율이 낮은 여러 브랜드를 합해 놓은 것이지 하나의 브랜드를 나타내는 것이 아니므로, 점유율이 높다고 해서 기타를 선택하지 않도록 주의한다. 　정답 A

中国 Zhōngguó [명] 중국　手机 shǒujī [명] 휴대전화, 핸드폰　市场 shìchǎng [명] 시장
占有 zhānyǒu [동] 점유하다　率 lǜ [명] 비율　苹果 Píngguǒ [명] 애플(회사명)　三星 Sānxīng [명] 삼성(회사명)
小米 Xiǎomǐ [명] 샤오미(회사명)　华为 Huáwéi [명] 화웨이(회사명)　酷派 Kùpài [명] 쿠파이(회사명)
联想 Liánxiǎng [명] 렌샹, 레노버(회사명)　其他 qítā [명] 기타　家 jiā [양] 가정, 가게, 기업 따위를 세는 단위
最 zuì [부] 가장, 제일, 아주　受欢迎 shòu huānyíng 주목받다, 인기 있다

45~46 📄

张明

45. 我的飞机就要起飞了。**46.** 感谢你这几个月对我的帮助。我回国以后会给你发电子邮件的。谢谢！

小张

장밍

45. 비행기가 곧 이륙해.

46. 요 몇 달 동안 도와줘서 고마워. 귀국하면 이메일 보낼게. 고맙다!

샤오 장

张明 Zhāng Míng 몡 장밍(인명)　　**飞机** fēijī 몡 비행기　　**就要…(了)** jiùyào…(le) 뿐 머지않아 ~하다
起飞 qǐfēi 동 이륙하다　　**感谢** gǎnxiè 동 감사(하다)　　**对** duì 전 ~에 대하여　　**帮助** bāngzhù 동 돕다
回国 huíguó 동 귀국하다　　**以后** yǐhòu 명 이후　　**会…的** huì…de ~할 것이다(추측)　　**发** fā 동 발송하다
电子邮件 diànzǐ yóujiàn 몡 이메일, 전자우편　　**谢谢** xièxie 고맙습니다　　**小张** Xiǎo Zhāng 몡 샤오 장(호칭)

45

📄　★ 小张在：

A　机场 ✓

B　公司

C　邮局

★ 샤오 장이 있는 곳은:

A 공항

B 회사

C 우체국

→　핵심 표현은 起飞로, 비행기가 곧 이륙할 것이라는 내용이 있으므로, 샤오 장이 공항에 있음을 알 수 있다.

정답 A

在 zài 동 ~에 있다　　**机场** jīchǎng 몡 공항　　**公司** gōngsī 몡 회사　　**邮局** yóujú 몡 우체국

46

📄　★ 下面哪句话是正确的？

A　小张发电子邮件了

B　张明帮助小张了 ✓

C　小张回国了

★ 다음 중 정확한 것은 무엇인가요?

A 샤오 장은 이메일을 발송했다

B 장밍은 샤오 장을 도와주었다

C 샤오 장은 귀국했다

→　샤오 장은 귀국한 뒤에 이메일을 보낸다고 했는데, 아직 비행기가 이륙하지 않았으므로 이메일을 보내지 않았고, 아직 귀국하지도 않았다. 그러므로 장밍이 샤오 장을 도와주었다는 내용의 B가 옳은 문장이다.　　정답 B

下面 xiàmiàn 몡 아래　　**哪** nǎ 때 어느, 어디　　**句** jù 몡 문장　　**话** huà 몡 말, 이야기
正确 zhèngquè 형 정확하다, 옳다

47

时代商场

春节特价

<u>家电 满2000元，减150元</u>

스다이쇼핑몰

설특가

가전 2,000위안 구입 시 150위안 할인

★ 如果买了2000元的衣服，应该付：

A 1850元

B 2000元 ✓

C 2150元

★ 만약 2,000위안짜리 옷을 샀다면, 지불
해야 하는 금액은:

A 1,850위안

B 2,000위안

C 2,150위안

→ 이벤트 내용은 가전제품을 2,000위안어치 구입할 경우 150위안을 깎아준다는 내용이다. 그러나 옷에는 해당
되지 않으므로 옷을 2,000위안어치 구입할 경우 이 돈을 모두 지불해야 한다. 따라서 정답은 B이다. 이러한 광
고 전단에 관련된 문제는 이벤트 품목이 무엇인지 반드시 확인하고 함정에 빠지지 않도록 주의해야 한다.

정답 B

时代商场 Shídài Shāngchǎng 명 스다이쇼핑몰　**春节** Chūn Jié 명 설　**特价** tèjià 명 특가
家电 jiādiàn 명 가전　**满** mǎn 통 꽉 채우다　**元** yuán 명 위안(중국 화폐단위)　**减** jiǎn 통 빼다. (값을) 깎다
如果 rúguǒ 접 만약　**买** mǎi 통 사다　**衣服** yīfu 명 옷　**应该** yīnggāi 조통 마땅히 ~해야 하다
付 fù 통 지불하다

48

张红：

您好！

如果收到商品目录，请您看看。
我希望您今天就直接发给<u>李经理</u>，他
同意就行了。

2014年12月7日

马丽

장홍 :
안녕하세요 !
상품 카탈로그를 이미 받으셨으면, 살펴봐
주세요. 오늘 이 사장님께 직접 보내주셨으
면 합니다. <u>이 사장님께서 동의하시면 됩니
다.</u>

2014년 12월 7일
메리

★ 可以做决定的是：

A 张红

B 马丽

C 李经理 ✓

★ 결정을 할 수 있는 사람은:

A 장홍

B 메리

C 이 사장

→ 결정권자가 누구인지를 묻고 있다. 메일을 받는 사람은 장홍이고 보내는 사람은 메리인데, '他가 동의하면 된
다'며 제3자를 가리키는 표현이 있으므로, 他 바로 앞에 있는 이 사장이 결정권자임을 알 수 있다.　정답 C

张红 Zhān Hóng 명 장홍(인명)　**商品目录** shāngpǐn mùlù 명 상품 카탈로그
如果 rúguǒ 접 만약 (~하다면)　**收** shōu 통 받다　**请** qǐng 통 부탁하다　**希望** xīwàng 통 희망하다
直接 zhíjiē 명형 직접(의)　**发** fā 발송하다　**李** Lǐ 명 이(성씨)　**经理** jīnglǐ 명 지배인, 사장, 매니저
同意 tóngyì 명통 동의(하다)　**就行了** jiù xíngle ~하면 되다　**马丽** Mǎlì 명 메리(인명)
可以 kěyǐ 가능하다. ~할 수 있다　**做** zuò 통 만들다, 일하다　**决定** juédìng 통명 결정(하다)

49~50 📄

大洲宾馆客房价格表
房间类型 价格（人民币）

49. 单人间：500元/天
　　　 双人间：600元/天
　　　 商务间：800元/天
　　　 豪华间：1000元/天

49. ◆ 价格另加10%服务费。
　　　 ◆ 入住时间为下午2点
50. ◆ 退房时间为上午11点

다저우호텔 객실 요금표
객실유형 가격(인민폐)

49. 1인실 : 500위안/일
　　　 2인실 : 600위안/일
　　　 비즈니스룸 : 800위안/일
　　　 스위트룸 : 1,000위안/일
49. ◆ 10% 봉사료가 별도로 부가됩니다.
　　　 ◆ 입실시간은 오후 2시입니다.
50. ◆ 퇴실시간은 오전 11시입니다.

大洲宾馆 Dàzhōu Bīnguǎn 몡 다저우호텔(호텔명)　**客房** kèfáng 몡 객실　**价格** jiàgé 몡 가격
表 biǎo 몡 표　**房间** fángjiān 몡 방, 룸　**类型** lèixíng 몡 유형
人民币 Rénmínbì 몡 인민폐(중국 화폐의 명칭)　**单人间** dānrénjiān 1인실, 싱글룸
双人间 shuāngrénjiān 2인실, 더블/트윈룸　**商务间** shāngwùjiān 비즈니스룸
豪华间 háohuájiān 스위트룸　**另** lìng 뷔 따로, 별도로　**加** jiā 동 더하다　**服务费** fúwùfèi 몡 봉사료
入住 rùzhù 동 숙박하다, 투숙하다　**时间** shíjiān 몡 시간　**为** wéi 동 ~은/이 …이다　**下午** xiàwǔ 오후
点 diǎn 몡 시(時)　**退房** tuìfáng 동 퇴실하다　**上午** shàngwǔ 몡 오전

49 📄

★ 如果住一天单人间应该付：
A 500元
B 550元 ✓
C 600元

★ 만약 1인실에 하루 묵을 경우 지불해야 하는 금액은:
A 500위안
B 550위안
C 600위안

→ 호텔 객실요금에 관한 질문이다. 1인실에 하루를 묵게 되면 500위안이라고 되어 있지만, 아래 추가 설명에 봉사료 10%가 별도로 추가된다는 내용이 있으므로 550위안을 지불해야 한다. 이러한 공고문은 내용을 빠뜨리지 않고 꼼꼼히 확인하는 것이 중요하다.　정답 B

如果 rúguǒ 젭 만약　**住** zhù 동 거주하다, 숙박하다　**应该** yīnggāi 조동 마땅히 ~해야 하다
付 fù 동 지불하다

50 📄

★ 客人最好几点以前离开房间？
A 上午11点 ✓
B 下午两点
C 下午11点

★ 고객은 몇 시 이전에 퇴실하는 것이 가장 좋은가요?
A 오전 11시
B 오후 2시
C 저녁 11시

→ 숙박업소에 묵을 때 반드시 확인해야 하는 내용이 바로 퇴실시간이다. 퇴실시간은 오전 11시라고 명시되어 있으므로 A가 정답이다.　정답 A

客人 kèrén 몡 손님　**最** zuì 뷔 가장, 제일　**以前** yǐqián 몡 이전　**离开** líkāi 동 떠나다

51~53

请柬

陈先生：

您好！

现定于十月九日 **52. 53.** 晚上八点在大洋大酒店二楼大厅举行开业宴会，敬请光临，**51.** 请穿正装出席。

大洋大酒店
2014年5月20日

초대장

천 선생님 :
안녕하세요 !
10월 9일 **52. 53.** 저녁 8시 다양호텔 2층 홀에서 개최되는 개업 연회에 귀하를 삼가 초청하며, **51.** 정장 차림으로 참석해주시기 바랍니다.

다양호텔
2014년 5월 20일

请柬 qǐngjiǎn 圀 초대장　现 xiàn 틧 지금　定于 dìngyú 틧 예정하다　晚上 wǎnshang 圀 저녁, 밤
大洋酒店 Dàyáng Jiǔdiàn 圀 다양호텔(호텔명)　楼 lóu 圀 층　大厅 dàtīng 圀 홀
举行 jǔxíng 틧 개최하다, 거행하다　开业 kāiyè 틧 개업하다　宴会 yànhuì 圀 연회
敬请光临 jìngqǐng guānglín 왕림해주시기 바랍니다　穿 chuān 틧 (옷을) 입다
正装 zhèngzhuāng 圀 정장　出席 chūxí 틧 참석하다, 출석하다

51

★ 根据邀请信，陈先生应该穿什么衣服去？
A 西装 ✓
B 运动服
C 工作服

★ 초대장에 따르면 천 선생은 어떤 옷을 입고 가야 하나요?
A 양복
B 운동복
C 작업복

→ 회사에서 주최하는 파티에 초대하는 초대장이다. 초대장에는 초대할 사람, 시간, 장소, 드레스코드 등이 제시될 수 있다. 초대장 본문 마지막 줄에 '정장 차림으로 참석하라'고 했으므로 正装과 유사한 의미를 지닌 A 西装이 답이 된다.

정답 A

根据 gēnjù 전 ~에 근거하여　邀请信 yāoqǐngxìn 초청장　陈 Chén 圀 천(성씨)
先生 xiānsheng 圀 선생, ~씨(성인 남성에 대한 존칭)　应该 yīnggāi 조틧 마땅히 ~해야 하다
衣服 yīfu 圀 의복　西装 xīzhuāng 圀 양복　运动服 yùndòngfú 圀 운동복
工作服 gōngzuòfú 圀 유니폼, 작업복

52

★ 这家酒店的宴会几点开始？
A 晚上 10点
B 晚上 9点
C 晚上 8点 ✓

★ 이 호텔의 연회는 몇 시에 시작하나요?
A 저녁 10시
B 저녁 9시
C 저녁 8시

→ 명확하게 시간과 장소가 기록되어 있다. '10월 9일 저녁 8시에 호텔 2층 홀'에서 거행된다고 했으므로, 정답은 C이다.

정답 C

几 jǐ 때 몇, 얼마　点 diǎn 圀 시(時)　开始 kāishǐ 틧 시작하다

53

📄 ★ 根据请柬，可以知道什么?
A 不能提前到
B 应该带礼品
C 晚上有宴会 ✓

★ 초대장에 근거하여 알 수 있는 것은 무엇인가요?
A 미리 오면 안 된다
B 선물을 가져와야 한다
C 저녁에 연회가 있다

→ A '미리 오면 안 된다'와 B '선물을 반드시 들고 와야 한다'는 내용은 아예 언급되지 않았다. 초대장에 언급된 내용은 '저녁에 파티가 있다'는 것으로 정답은 C이다.   정답 C

可以 kěyǐ 조동 ~할 수 있다   知道 zhīdào 동 알다. 이해하다   能 néng 조동 ~할 수 있다.~할 줄 알다
提前 tíqián 동 (예정을) 앞당기다   到 dào 동 도착하다   带 dài 동 지니다   礼品 lǐpǐn 명 선물

54 ~55 📄

启事

　　本人9月8日中午，**54.**在公司地下食堂丢失黑色文件包。内有手机、钱包等，最重要的是文件。**55.**我办公室在八层。本人很急，请拾到者跟我联系。必有重谢!

联系电话：18678325536
QQ：66427

王力

공고

저는 9월 8일 점심 때, **54.** 회사 지하식당에서 검은색 서류가방을 잃어버렸습니다. 안에는 휴대전화, 지갑 등이 있는데, 가장 중요한 것은 서류입니다. **55.** 제 사무실은 8층입니다. 제가 너무 급하니, 습득하신 분은 제게 연락주시기 바랍니다. 사례하겠습니다!
연락전화 : 18678325536
QQ : 66427

왕리

启事 qǐshì 명 공고   本人 běnrén 명 본인   中午 zhōngwǔ 명 점심   在 zài 전 ~에(서)
公司 gōngsī 명 회사   地下 dìxià 명 지하   食堂 shítáng 명 식당   丢失 diūshī 동 잃어버리다
黑色 hēisè 명 검은색   文件包 wénjiànbāo 명 서류가방   内 nèi 명 안쪽   有 yǒu 동 있다
手机 shǒujī 명 휴대전화, 핸드폰   钱包 qiánbāo 명 지갑   最 zuì 부 가장, 제일
重要 zhòngyào 형 중요하다   文件 wénjiàn 명 서류. 문건   办公室 bàngōngshì 명 사무실
层 céng 양 층   急 jí 형 급하다   请 qǐng 동 부탁하다. 청하다   拾到者 shídàozhě 습득자
跟 gēn 전 ~와, ~랑   联系 liánxì 동명 연락(하다)   必有重谢 bìyǒu zhòngxiè 사례하겠습니다
电话 diànhuà 명 전화   王力 Wáng Lì 명 왕리(인명)   QQ 중국의 메신저 프로그램

54

📄 ★ 王力在哪儿丢了文件包?
A 办公室
B 食堂 ✓
C 八层

★ 왕리는 어디에서 서류가방을 잃어버렸나요?
A 사무실
B 식당
C 8층

→ 잃어버린 물건을 찾는 공고이다. 언제, 어디에서 무엇을 잃어버렸는지, 어떤 모양인지 등을 설명하는 문구 내용을 꼼꼼히 잘 살펴보는 것이 중요하다. 在公司地下食堂丢失黑色文件包라고 되어 있으므로 B 식당이 정답이다.

정답 B

在 zài 젠 ~에서 **哪儿** nǎr 대 어디, 어느 곳 **丢** diū 동 잃어버리다 **了** le 조 동사 뒤에서 완료를 표현

55

📄 ★ 下面哪一项正确?
A 文件不重要
B 包里有身份证
C 他在八层工作 ✓

★ 다음 중 어느 것이 정확한가요?
A 서류가 중요하지 않다
B 가방 안에 신분증이 있다
C 그는 8층에서 근무한다

→ 最重要的是文件이라고 했으므로 A는 내용과 부합하지 않으며, 内有手机、钱包等이라고 했을 뿐 身份证에 대한 언급은 없으므로 B도 틀리다. 我办公室在八层, 사무실이 8층에 있으므로 C와 내용이 부합한다.

정답 C

下面 xiàmiàn 명 다음, 아래 **正确** zhèngquè 형 정확하다 **包** bāo 명 가방 **里** lǐ 명 안, 안쪽
身份证 shēnfènzhèng 명 신분증 **工作** gōngzuò 명 일, 업무

56 ~ 57 📄

请假单

赵主任:
　　您好!
　　56. 我昨天突然发烧头疼,医生建议我休息几天,希望请三天假。**57.** 明天的报告您不用担心,内容李华也很清楚。如果有紧急的事情,请和他联系。
　　　　　　　　　57. 2014年10月17日
　　　　　　　　　　　　　王海

휴가신청서

자오 주임 :
안녕하세요!
56. 제가 어제 갑자기 열이 나고 머리가 아프기 시작했는데, 의사가 며칠 쉬라고 해서요, 3일간 휴가를 신청하고 싶습니다. **57.** 내일 보고는 걱정하지 않으셔도 됩니다. 내용은 리화도 잘 알고 있습니다. 만약 급한 일이 생기면, 그에게 연락주세요.
57. 2014년 10월 17일
왕하이

请假单 qǐngjiǎdān 몡 휴가신청서　赵 Zhào 몡 조(성씨)　主任 zhǔrèn 몡 주임　昨天 zuótiān 몡 어제
开始 kāishǐ 동 시작하다　突然 tūrán 閉 갑자기　发烧 fāshāo 열이 나다　头疼 tóuténg 몡 두통
医生 yīshēng 몡 의사　建议 jiànyì 몡동 제의(하다), 제안(하다)　休息 xiūxi 몡 휴식(하다)
希望 xīwàng 동 희망하다　明天 míngtiān 몡 내일　报告 bàogào 몡 보고(하다)　用 yòng 동 필요하다
担心 dānxīn 동 걱정하다　内容 nèiróng 몡 내용　李华 Lǐ Huá 몡 리화(인명)
清楚 qīngchu 혱 분명하다, 알다　如果 rúguǒ 접 만일, 만약　紧急 jǐnjí 혱 긴급하다
事情 shìqíng 몡 일, 업무　联系 liánxì 몡동 연락(하다)　王海 Wáng Hǎi 몡 왕하이(인명)

56

📄　★ 王海请假的原因是:

A 生病了 ✓
B 有急事
C 要报告

★ 왕하이가 휴가를 신청한 이유는:
A 병이 났다
B 급한 일이 있다
C 보고를 해야 한다

→ 핵심 표현은 发烧头疼이다. 어제부터 열이 나고 두통이 나서 의사에게 진찰을 받았다고 말하고 있으므로 아프기 때문에 병가를 신청했음을 알 수 있다.　　정답 A

原因 yuányīn 몡 원인　生病 shēngbìng 동 병이 나다　急事 jíshì 몡 급한 일　要 yào 조동 ~해야 하다

57

📄　★ 什么时候要报告:

A 10月17日
B 10月18日 ✓
C 10月19日

★ 언제 보고를 해야 하나요:
A 10월17일
B 10월18일
C 10월19일

→ 핵심 표현은 明天的报告您不用担心이다. 보고 날짜에 대한 언급은 明天으로 되어 있으나, 병가를 신청한 날짜가 17일이므로, 보고해야 하는 날짜가 10월 18일임을 알 수 있다.　　정답 B

什么时候 shénme shíhou 언제

日期	时间	日程	地点
58. 8月11日	10:45	到达机场	浦东机场
	12:30	午餐	**58.** 东来顺
	14:30	与总经理会见	百顺公司
	16:00	回饭店休息	国际酒店
	19:00	参加宴会	国际酒店
59. 8月12日	10:00	参观工厂	百顺公司
	13:30	**59.** 自由时间	
60. 8月13日	11:40	到达机场	虹桥机场

날짜	시간	일정	장소
58. 8월11일	10:45	공항 도착	푸둥공항
	12:30	점심 식사	**58.** 동라이순
	14:30	사장님과 미팅	바이순회사
	16:00	호텔 휴식	귀지호텔
	19:00	연회 참석	귀지호텔
59. 8월12일	10:00	공장 견학	바이순회사
	13:30	**59.** 자유시간	
60. 8월13일	11:40	공항 도착	홍챠오공항

日期 rìqī 몡 기간　**时间** shíjiān 몡 시간　**日程** rìchéng 몡 일정　**地点** dìdiǎn 몡 지점, 위치
到达 dàodá 됭 도착하다　**浦东机场** Pǔdōng Jīchǎng 몡 푸둥 (국제) 공항　**午餐** wǔcān 몡 점심
东来顺 Dōngláishùn 몡 동라이순 (유명 훠궈 전문점)　**与** yǔ 젠 ~와,~랑
总经理 zǒngjīnglǐ 몡 총지배인, 사장　**会见** huìjiàn 몡됭 회견(하다)
百顺公司 Bǎishùn Gōngsī 몡 바이순(회사명)　**回** huí 됭 회, 번　**饭店** fàndiàn 몡 호텔
休息 xiūxī 몡됭 휴식(하다)　**国际酒店** Guójì Jiǔdiàn 귀지호텔(호텔명)
参加 cānjiā 몡됭 참가(하다), 참석(하다)　**宴会** yànhuì 몡 연회　**工厂** gōngchǎng 몡 공장
自由 zìyóu 톙 자유롭다　**虹桥机场** Hóngqiáo Jīchǎng 몡 홍챠오 (국제) 공항

---

58 📄　★ 11日中午他们在哪儿吃饭?
A 东来顺 ✓
B 百顺公司
C 国际酒店

★ 11일 점심 때 그들은 어디에서 식사하나요?
A 동라이순
B 바이순회사
C 귀지호텔

→ 일정표에서 필요한 정보를 찾아내야 한다. 午餐이 '점심 식사'를 뜻하므로 11일 점심 식사 일정을 확인해보면 东来顺임을 알 수 있다.
정답 A

中午 zhōngwǔ 몡 점심, 정오　**哪儿** nǎr 떼 어디　**吃饭** chīfàn 됭 식사하다

59 📄 ★ 如果要见住在上海的朋友，最好哪天
见面?

A 8月10日

B 8月11日

C 8月12日 ✓

★ 만약 상하이에서 살고 있는 친구를 만나
려면 언제 만나는 것이 가장 좋은가요?

A 8월10일

B 8월11일

C 8월12일

→ 친구를 만나는 경우 일정이 없는 시간을 피해 만나는 것이 좋다. 일정상 '자유시간'으로 나와 있는 8월 12일이
가장 좋다. 　　　　　　　　　　　　　　　　　　　　　　　　　　　　　　　　　　　　　　정답 C

如果 rúguǒ 쩝 만약　　**见** jiàn 통 만나다　　**住** zhù 통 살다　　**在** zài 쩐 ~에서

上海 Shànghǎi 명 상하이(지명)　　**朋友** péngyou 명 친구　　**最** zuì 뿐 가장, 제일　　**好** hǎo 형 좋다

见面 jiànmiàn 통 만나다

60 📄 ★ 他在上海住几天几夜?

A 四天三夜

B 三天两夜 ✓

C 两天一夜

★ 그는 상하이에서 몇 박 며칠 묵나요?

A 3박4일

B 2박3일

C 1박2일

→ 상하이에 몇 박 며칠 일정으로 왔는지를 묻고 있다. 11일 부터 13일까지 2박 3일 일정이다. 중국어로는 순서를
바꿔서 '3일 2박'으로 표현하므로 이에 해당하는 B가 정답이다. KBS 《1박2일》의 포맷이 중국에 수출되었는데
그 프로그램 제목이 《两天一夜》이다. 　　　　　　　　　　　　　　　　　　　　　　　　정답 B

住 zhù 통 살다　　**几** jǐ 때 몇, 얼마　　**天** tiān 명 하루, 일　　**夜** yè 명 밤

书写

第61-70题

例如

我2011年大学(毕)业，已经工作三年多了。

문제에 정답을 표시했습니다.
한 문장을 쭉 읽고 풀이를 확인하세요.

나는 2011년 대학을 졸업했고, 일한 지 벌써 3년이 되었다.

→ 빈칸 앞에 大学가 있고, 빈칸 위에 bì, 빈칸 뒤에 业가 제시되어 있다. 그리고 뒤에 연결되는 내용에서 '일한 지 3년 되었다'고 하고 있으므로 '대학을 졸업했다'는 표현이 필요함을 알 수 있다. '졸업하다'는 毕业이므로 빈칸에는 毕가 들어가야 한다.

정답 毕

年 nián 몡 해, 년　大学 dàxué 몡 대학　毕业 bìyè 통 졸업하다　已经 yǐjīng 분 이미, 벌써
工作 gōngzuò 통몡 일(하다)　多 duō 혱 많다

채점자가 잘 알아볼 수 있도록
답안지의 ___ 위에
글씨를 또박또박 쓰세요.

61

李明今天是第一天(上)班。

리밍은 오늘이 출근 첫날이다.

→ 빈칸 shàng 뒤에 한자 班이 제시되어 있다. 班과 어울려 단어를 만드는 shàng 발음을 지닌 한자는 上이다. 上班은 '출근하다'라는 뜻이다.

정답 上

李明 Lǐ Míng 몡 리밍(인명)　今天 jīntiān 몡 오늘　第一 dì-yī 쥐 첫째, 첫 번째　天 tiān 몡 하루
上班 shàngbān 통 출근하다

62

请慢(走)，欢迎您下次再光临。

살펴가세요, 다음에 또 오세요.

→ 빈칸 뒤에 '다음에 또 방문해달라'는 내용이 나오므로 손님을 배웅하고 있음을 알 수 있다. 请慢走는 손님을 배웅할 때 자주 사용하는 표현이다.

정답 走

请 qǐng 통 부탁하다　慢走 mànzǒu 통 천천히 가다, 안녕히 가세요　欢迎 huānyíng 통 환영하다
下次 xià cì 몡 다음 번　再 zài 분 또　光临 guānglín 통 왕림하다

63 📄 听说明天天(气)不太好，会下大雨的。　　내일 날씨가 안 좋대요. 비가 많이 올 거라는데요.

→ 뒤에 '비가 올 것이다'라는 날씨 관련 내용이 제시되어 있으므로 不太好한 것이 날씨임을 알 수 있다. 따라서 qì에 해당하는 것은 天气에 사용되는 气이다. 　　정답 气

听说 tīngshuō 图 듣자하니 ~라 하다　明天 míngtiān 명 내일　天气 tiānqì 날씨
不 bù 편 ~하지 않다, ~이 아니다(동사·형용사 또는 부사 앞에서 부정을 표시)　太 tài 편 너무, 지나치게, 몹시
好 hǎo 형 좋다　会…的 huì…de 图 ~할 것이다(추측)　下雨 xiàyǔ 图 비가 내리다

---

64 📄 现在五层以上的房间(已)经全部卖完了。　　지금 5층 이상의 방은 이미 모두 나갔습니다.

→ 已经은 '이미, 벌써'라는 뜻이며, 부사어 자리에 사용되어 서술어를 꾸며 줄 수 있다. '己(몸 기)'와 혼동하지 않도록 모양에 주의해야 한다. 　　정답 已

现在 xiànzài 명 현재, 지금　层 céng 명 층　以上 yǐshàng 명 이상　房间 fángjiān 명 방
已经 yǐjīng 편 이미　全部 quánbù 명 전부　卖 mài 图 팔다　完 wán 형 다하다, 다 떨어지다

---

65 📄 办公室那边放着一(台)复印机。　　사무실 저쪽에 복사기 한 대가 놓여 있다.

→ 사물의 수량을 표시하는 '수사 + 양사 + 명사'는 자주 출제되는 형태이므로 숙지해두는 것이 좋다. 복사기 등 비교적 크기가 큰 전자제품을 셀 때는 台를 사용한다. 양사는 매우 다양하기 때문에 함께 쓰이는 명사와 함께 평소에 틈틈이 익혀두어야 한다. 　　정답 台

办公室 bàngōngshì 명 사무실　那边 nàbiān 데 그쪽, 저쪽　放 fang 图 놓아주다
着 zhe 조 ~하고 있다　台 tái 양 대(전자제품, 기계 등을 셀 때 사용하는 단위)　复印机 fùyìnjī 명 복사기

66

📄 我来(介绍)一下，这位是海尔公司的经理 王海。

제가 소개할게요. 이분은 하이얼의 왕하이 사장입니다.

→ 뒤에 어떤 사람을 소개하고 있으므로 '제가 소개해드릴게요'라는 표현이 필요함을 알 수 있다. **我来介绍一下** 는 타인에게 자신을 소개하거나 제3자를 소개할 때 많이 사용된다. jièshào에 해당하는 한자는 **介绍**이다.

정답 介绍

来 lái 图 오다   **介绍** jièshào 图 소개하다   **一下** yíxià 囹 1회, 한 번(동사 뒤에서 '좀 ~하다'라는 뜻을 표현)
位 wèi 囹 분, 명(사람을 세는 단위, 존칭)   **海尔公司** Hǎi'ěr Gōngsī 圄 하이얼(회사명)
经理 jīnglǐ 圄 지배인, 사장, 매니저   **王海** Wáng Hǎi 圄 왕하이(인명)

67

📄 张华，今天的(报纸)，你放在哪儿了？

장화, 오늘 신문을 어디에 두었나요?

→ 的가 있으므로 빈칸에 들어갈 단어가 명사임을 알 수 있다. bàozhǐ는 **报纸**라고 쓰며, '신문, 신문지'라는 뜻이다. **报纸**는 제시된 병음을 보고 쓰기 어려우므로 평소에 연습해두어야 한다.

정답 报纸

张华 Zhāng Huá 圄 장화(인명)   **今天** jīntiān 圄 오늘   **报纸** bàozhǐ 圄 신문   **放** fàng 图 놓아두다
在 zài 젼 ~에서   **哪儿** nǎr 凹 어디

68

📄 林经理下星期五要去上海(出差)。

린 사장님은 다음 주 금요일에 상하이로 출장을 간다.

→ 빈칸 앞에 '상하이에 간다'는 내용이 있고, 제시된 병음이 chūchāi이므로 '출장가다'라는 뜻의 한자 **出差**가 정답이다.

정답 出差

林 Lín 圄 임(성씨)   **经理** jīnglǐ 圄 지배인, 사장, 매니저   **下** xià 圄 다음   **星期五** xīngqī wǔ 금요일
要 yào 조동 ~해야 하다, ~하려 하다   **去** qù 图 가다   **上海** Shànghǎi 圄 상하이(지명)
出差 chūchāi 图 출장가다

69

📄 大明公司一共有(员工)500名左右。 다밍회사에는 총 500여 명의 직원이 있다.

> yuángōng

→ 뒤에 '500명가량'이라는 정보가 있으므로, 제시된 병음 yuángōng은 '직원'을 뜻하는 员工임을 알 수 있다.

정답 员工

大明公司 Dàmíng Gōngsī 몡 다밍(회사명) 一共 yígòng 뷔 합쳐서, 모두 有 yǒu 통 있다
员工 yuángōng 몡 직원 名 míng 양 명(사람 수를 세는 단위) 左右 zuǒyòu 몡 ~쯤

70

📄 为我们的友好(合作)关系，干杯！ 우리의 우호 협력을 위해, 건배!

> hézuò

→ 건배할 때 보통 '우호관계를 위해', '협력관계를 위해'라는 표현을 많이 사용한다. 제시된 병음 hézuò는 合作
이다. 접대를 많이 하는 담당자들은 꼭 알아두어야 하는 표현이다.

정답 合作

为 wèi 젠 ~을 위해서 友好 yǒuhǎo 혱 우호적이다 合作 hézuò 몡통 협력(하다) 关系 guānxì 몡 관계
干杯 gānbēi 통 건배하다

모의고사
2 회
해설

听力

2회_1부분_00

音乐 30秒 [渐弱]

大家好！欢迎参加 BCT（A）考试。
BCT（A）听力考试分三部分，共30题。
请大家注意，听力考试现在开始。

第一部分

一共10个题，每题听两遍。

例如：三
　　　送礼物
现在开始第1题：

第1-10题

음악 30초[점차 약해진다]

여러분 안녕하세요, BCT(A) 시험에 참가
하신 것을 환영합니다. BCT(A) 듣기 시험
은 3부분으로 나뉘며, 총 30문제입니다. 여
러분, 주의를 기울이기 바랍니다. 듣기 시험
이 지금 시작됩니다.

제1부분
모두 10문제이며, 각 문제는 두 번씩 들려드
립니다.
예제: 3
　　　선물을 보내다
이제 1번 문제 시작합니다 :

例如

2회_1부분_00

> MP3 파일명입니다.
> 문제별로 분리되어 있어서
> 각 문제를 반복해서
> 들어볼 수 있습니다.

三　3　─○ 녹음 내용입니다. 뜻을 바로 확인하세요.

> 듣기 문제를 기다리면서
> 미리 문제 이미지를 확인해두세요!

> 사진을 보고 떠올릴 수 있는
> 단어나 표현을 보여줍니다.
> 미리 예상해보는 훈련을 해보세요.

ⓘ 사진을 보고 떠올릴 예상 표현 　苹果　三个　三个苹果

→ 첫 번째 사진은 '사과'라는 단어를 들려주거나 개수를 세는 문제가 출제될 수 있으므로 苹果, 三个, 三个苹果
등 사진과 관련된 표현이 들리는지 주의해서 듣고 관련 내용이 나오면 답을 선택한다. 녹음에서 숫자 三을 들
려주었고 사진 속 사과 개수가 3개이므로 답으로 적절하다.　　　정답 √

> 문제 유형 및 풀이 방법,
> 주의해야 할 사항을
> 자세히 풀이했습니다.

三 sān 丞 3　苹果 píngguǒ 囘 사과 ─── 학습에 도움이 되도록 녹음 내용 및
예상 표현에 나온 단어도 모두 보여줍니다.

送礼物　선물을 보내다

> 문제 풀이를 하고 바로
> 답을 확인할 수 있습니다.
> 답안지에는 2B연필로 굵게
> [√]▄▄ 이렇게 칠해주세요

ⓘ 사진을 보고 떠올릴 예상 표현 　握手

→ 두 번째 사진은 악수를 하고 있는 모습으로 握手라는 단어를 예상할 수 있다. 그런데 들리는 단어는 送礼物이
다. 送礼物는 '선물을 하다'라는 뜻으로 사진과 맞지 않으므로 정답이 아니다.　　　정답 X

送 sòng 동 보내다, 선물하다　礼物 lǐwù 囘 선물　握手 wòshǒu 동 악수를 하다

1

2회_1부분_01

 领带 넥타이

ⓘ 사진을 보고 떠올릴 예상 표현　裤子　一条　一条裤子　黑色裤子

→ 제시된 사진은 裤子이고 들려준 녹음 내용은 '넥타이'를 뜻하는 领带이므로 서로 맞지 않는다.　　정답 X

领带 lǐngdài 몡 넥타이　裤子 kùzi 몡 바지　条 tiáo 몡 벌(치마·바지 등 가늘고 긴 것을 세는 단위)
黑色 hēisè 몡 검은색

2

2회_1부분_02

🔊 照相机 카메라

ⓘ 사진을 보고 떠올릴 예상 표현　电风扇　一台电风扇

→ 사진은 '선풍기'이고, 녹음 내용은 '카메라'를 뜻하는 照相机이므로 서로 맞지 않는다. 机가 들어가는 단어는 대체로 기계를 가리키며, 手机, 洗衣机 등이 있다.　　정답 X

照相机 zhàoxiàngjī 몡 사진기　电风扇 diànfēngshàn 몡 선풍기　手机 shǒujī 몡 휴대전화, 핸드폰
洗衣机 xǐyījī 몡 세탁기　台 tái 양 대(전자제품이나 기계 등을 세는 단위)

3

2회_1부분_03

🔊 周三 수요일

11月

星期日	星期一	星期二	星期三	星期四	星期五	星期六
						1
2	3	4	5	6	7	8
9	10	11	⑫	13	14	15
16	17	18	19	20	21	22
23/30	24	25	26	27	28	29

ⓘ 사진을 보고 떠올릴 예상 표현　11月12日　星期三　礼拜三　周三

→ '요일'을 표현하는 방법은 周와 星期, 礼拜 세 가지가 있다. 녹음 내용은 周三이고, 달력에는 12일 星期三에 동그라미로 표시되어 있으므로 서로 일치한다.　　정답 ✓

周三 zhōu sān 수요일　星期三 xīngqī sān 수요일　礼拜三 lǐbài sān 수요일　周 zhōu 몡 주(周), 요일
星期 xīngqī 몡 주(周), 요일　礼拜 lǐbài 몡 주(周), 요일

4

2회_1부분_04

◀)) 一台电视　TV 1대

ⓘ 사진을 보고 떠올릴 예상 표현　**电视　一台电视**

→ 녹음 내용과 사진이 모두 'TV 1대'이므로 사물과 개수가 모두 일치한다.　　정답 ✓

一 yī ㊄ 1, 하나　**台** tái ㊇ 대(기계, 차량 등을 셀 때 사용)　**电视** diànshì ㊅ TV, 텔레비전

5

2회_1부분_05

◀)) 忙　바쁘다

ⓘ 사진을 보고 떠올릴 예상 표현　**休息　舒服　坐在椅子上**

→ 녹음 내용은 '바쁘다'는 뜻의 忙이고, 사진 속 남자는 소파에 앉아서 여유롭게 웃고 있으므로 일치하지 않는다. 제시된 사진에는 休息, 舒服 등의 단어가 어울린다.　　정답 X

忙 máng ㊈ 바쁘다　**休息** xiūxi ㊅㊇ 휴식(하다)　**舒服** shūfu ㊈ 편안하다　**坐** zuò ㊇ 의자
在 zài ㊊ ~에　**椅子** yǐzi ㊅ 의자　**上** shàng ㊅ 위

6

2회_1부분_06

◀)) 吸烟　담배를 피우다

ⓘ 사진을 보고 떠올릴 예상 표현　**喝水　一位男士在喝水**

→ 사진 속의 남성은 물을 마시고 있고, 녹음 내용은 '담배를 피우다'라는 뜻이므로 일치하지 않는다. '물을 마시다'라는 표현은 喝水이다.　　정답 X

吸烟 xīyān ㊇ 담배를 피우다　**喝** hē ㊇ 마시다　**水** shuǐ ㊅ 물　**男士** nánshì ㊅ 남성, 남자
在 zài ㊒ ~하는 중이다(동작의 진행을 표시)

7

2회_1부분_07

🔊 看报纸　신문을 보다

📄

ⓘ 사진을 보고 떠올릴 예상 표현　**报纸　看报纸**

→ 녹음 내용은 '신문을 보다'라는 뜻인데, 사진 속 여자도 신문을 읽고 있으므로 서로 일치한다. 참고로 '신문'이라고 할 때 新闻을 떠올리는 학습자들이 많다. 그러나 新闻은 '뉴스'라는 뜻이고, 报纸가 '신문'이다.　정답 ✓

看 kàn 통 보다　　**报纸** bàozhǐ 명 신문　　**新闻** xīnwén 명 뉴스, 새 소식

8

2회_1부분_08

🔊 很冷　매우 춥다

📄

ⓘ 사진을 보고 떠올릴 예상 표현　**冷　戴帽子　围围巾**

→ 녹음 내용은 '춥다'라는 뜻인데, 사진 속 여자가 모자와 머플러를 하고 있고 뒤에 눈밭이 있으므로 녹음과 사진이 일치한다고 볼 수 있다. 날씨와 관련된 단어도 듣기 문제에 자주 출제되므로 잘 알아두는 것이 좋다. 정답 ✓

很 hěn 부 매우　　**冷** lěng 형 춥다　　**戴** dài 통 (몸에) 걸치다, 쓰다　　**帽子** màozi 명 모자　　**围** wéi 통 두르다
围巾 wéijīn 명 목도리, 스카프

⊕ 날씨
热 rè 형 덥다　　**下雨** xiàyǔ 통 비가 오다　　**下雪** xiàxuě 통 눈이 오다　　**刮风** guāfēng 통 바람이 불다
晴天 qíngtiān 명 맑은 날　　**阴天** yīntiān 명 흐린 날

🔊 起飞 이륙하다

📄

ⓘ 사진을 보고 떠올릴 예상 표현 **自行车 骑自行车 一辆自行车**

→ 사진은 '자전거'이고, 녹음 내용은 '이륙하다'라는 뜻의 起飞이다. '이륙하다'는 비행기와 어울리는 단어이므로 사진과 일치하지 않는다. 정답 X

起飞 qǐfēi 통 이륙하다   **自行车** zìxíngchē 명 자전거   **骑** qí 통 타다
辆 liàng 양 대(차량·자전거 등을 세는 단위)

🔊 行李箱 트렁크

📄

ⓘ 사진을 보고 떠올릴 예상 표현 **行李箱 拉行李箱**

→ **行李箱은 상자 크기의 '큰 가방' 또는 '여행 가방'을 가리킨다.** 정답 √

行李箱 xínglǐxiāng 명 트렁크   **行李** xínglǐ 명 짐   **箱** xiāng 명 상자   **拉** lā 통 끌다

第二部分

듣기

◁)) 一共10个题，每题听两遍。

2회_2부분_00

例如：再见，李先生。

现在开始第11题：

🗎 第11-20题

제2부분
모두 10문제이며, 각 문제는 두 번씩 들려드립니다.
예제: 잘 가요, 미스터 리.
이제 11번 문제 시작합니다:

例如

2회_2부분_00

MP3 파일명입니다.
반복해서 들어보세요!

◁)) 再见，李先生。 잘 가요, 미스터 리. ～ 녹음 내용입니다. 뜻을 바로 확인하세요.

🗎

시험지에 나오는 문제 이미지입니다.
표정·동작·사물·배경 등에 주의해서
미리 살펴보세요!

A √   B   C

문제 풀이 후 정답을 바로 확인하세요.
답안지에는 2B연필로 굵게 ▬▬ [B] [C]
이렇게 표시하세요.

→ 再见은 헤어질 때 하는 인사이므로 첫 번째 그림이 적절하다.   정답 A

再见 zàijiàn 통 또 뵙겠습니다   **李** Lǐ 명 이(성씨)   **先生** xiānsheng 명 선생, ～씨(성인 남자에 대한 존칭)

11

2회_2부분_11

◁)) 你怎么了？哪儿不舒服？ 너 왜 그래? 어디 안 좋아?

🗎

A   B √   C

→ 你怎么了는 평상시와 다를 때 사용하는 말이고, 哪儿不舒服는 어딘가 불편해 보일 때, 몸이 안 좋아 보일 때
묻는 표현이다. 그러므로 가장 적절한 것은 B이다.   정답 B

怎么了 zěnme le 무슨 일이야?   **哪儿** nǎr 때 어디   **舒服** shūfu 형 편안하다

🔊 你看见我的钥匙了吗? 너 내 열쇠 봤어?

📄

A ✓ B C

→ 녹음 내용에서 열쇠를 봤는지 묻고 있으므로, 핵심 단어가 열쇠이다. 따라서 열쇠 사진이 있는 A가 답으로 적절하다. 　　　　　　　　　　　　　　　　　　　　　　　　　　　　　　　　　　　정답 A

看 kàn 图 보다 　**见** jiàn 图 보다, 만나다(동사 뒤에서 결과를 표시하는 보어로 쓰임) 　**钥匙** yàoshi 몡 열쇠
了 le 조 동작이나 상태의 완료를 표시 　**吗** ma 조 의문을 표시

🔊 她高高的，头发很长，戴眼镜。 그녀는 키가 크고, 머리가 길며, 안경을 썼다.

📄

A ✓ B C

→ 키가 크고, 머리가 길고, 안경을 썼다고 외모를 묘사하고 있으므로 키는 모르더라도 안경을 끼고 긴 머리를 한 여성의 사진인 A가 녹음과 일치한다. 　　　　　　　　　　　　　　　　　정답 A

高 gāo 혱 높다 　**头发** tóufa 몡 머리카락 　**很** hěn 뷔 매우 　**长** cháng 혱 길다
戴 dài 图 (머리·얼굴·가슴·팔·손 등에) 착용하다, 쓰다 　**眼镜** yǎnjìng 몡 안경

⊕ 헤어스타일
发型 fàxíng 몡 헤어스타일 　**留** liú 图 기르다 　**烫** tàng 图 파마하다 　**长发** chángfà 몡 긴 머리
短发 duǎnfà 몡 짧은 머리 　**光头** guāngtóu 몡 대머리

🔊 他带着我们参观工厂。 그는 우리를 데리고 공장을 견학한다.

📄

A B C ✓

장소와 관련된 사진들이 나와 있으므로 녹음을 들을 때 어떤 장소 관련 단어가 나오는지 잘 들어야 한다. 핵심 표현은 参观工厂이며, 공장을 참관한다고 하였으므로 설비시설이 있는 C가 답으로 적절하다.　정답 C

带 dài 통 가지다, 지니다　参观 cānguān 통 참관하다　工厂 gōngchǎng 명 공장

15

2회_2부분_15

◁)) 这件衬衫太贵了，便宜点儿吧。이 셔츠는 너무 비싸요. 좀 싸게 해주세요.

A　　　　　B ✓　　　　　C

→ 보기에 나온 사물 가운데 녹음에 어떤 사진이 나오는지 잘 듣는 것이 중요하다. 핵심 단어는 '셔츠'이므로 답은 B이다. 티셔츠는 T恤라고 한다. 녹음에서 들려준 내용은 쇼핑할 때 자주 사용하는 활용도 높은 문구이므로 익혀두는 것이 좋다.　정답 B

衬衫 chènshān 명 셔츠　太(…了) tài(…le) 부 너무　贵 guì 형 비싸다　便宜 piányi 형 (값이) 싸다
一点儿 yìdiǎnr 양 조금(문장 맨 앞이 아닐 경우 一 생략 가능)　T恤 T-xù 명 티셔츠

16

2회_2부분_16

◁)) 我每天晚上12点睡觉。나는 매일 밤 12시에 잔다.

A　　　　　B　　　　　C ✓

→ 시계가 나왔으므로 숫자에 주의해서 듣는다. 녹음에서 '매일 저녁 12시에 잔다'고 했으므로 일치하는 그림은 C이다.　정답 C

每天 měi tiān 부 매일　晚上 wǎnshang 명 저녁, 밤　十二 shí'èr 수 12, 열둘　点 diǎn 명 시(時)
睡觉 shuìjiào 통 (잠을) 자다

17

◁) 飞机马上就要起飞了，请系好安全带。 비행기가 곧 이륙합니다. 안전벨트를 착용하시기 바랍니다.

2회_2부분_17

A ✓   B   C

→ 녹음 내용은 기내 안내방송으로, 출장이나 여행으로 중국행 비행기에 몸을 실으면 반드시 듣게 되는 멘트이다. 飞机, 起飞 등 비행기와 관련된 단어가 많이 나오고 있으므로 정답은 A이다.   정답 A

飞机 fēijī 몡 비행기   **马上** mǎshàng 뵘 곧   **就要(…了)** jiùyào(…le) 뵘 머지않아, 곧
起飞 qǐfēi 몽 이륙하다   **请** qǐng 몽 청하다   **系** jì 몽 매다, 묶다   **安全带** ānquándài 몡 안전띠, 안전벨트

18

◁) 今天晚上我们去饭馆儿吃饭吧！ 오늘 저녁에 음식점 가서 식사해요!

2회_2부분_18

A   B ✓   C

→ 보기에 제시된 것은 주변에서 쉽게 볼 수 있는 표지로, A는 커피숍, B는 식당·레스토랑, C는 약국·병원을 뜻한다. 녹음 내용에서는 '식당에 가서 밥을 먹자'고 했으므로 이와 관련된 그림으로 B가 적절하다.   정답 B

今天 jīntiān 몡 오늘   **晚上** wǎnshang 몡 저녁, 밤   **去** qù 몽 가다   **饭馆儿** fànguǎnr 몡 음식점
吃饭 chīfàn 몽 밥을 먹다   **吧** ba 조 청유·상의·제의·명령·독촉·동의·승낙 등의 의중을 표현

19

◁) 他们正在讨论合作协议。 그들은 협력 협의에 대해 토론하고 있다.

2회_2부분_19

A ✓   B   C

→ A는 회의하는 모습, B는 수영, C는 스키를 즐기는 사람들의 모습이 담겨 있다. 핵심 표현은 合作协议으로, '협력 계약에 관한 토론'을 하고 있으므로 회의실이나 사무실 안에 모여서 의논하는 모습이 담긴 사진인 A가 답으로 적절하다.

정답 A

正在 zhèngzài 튄 지금 ~하고 있다   讨论 tǎolùn 통 논의하다   合作 hézuò 평통 협력(하다)
协议 xiéyì 평통 협의서, 협의(하다)

20

2회_2부분_20

🔊 您一直往前走，在十字路口往右拐。 앞으로 쭉 가셔서 사거리에서 우회전 하세요.

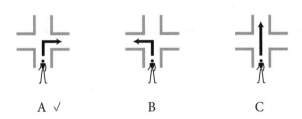

A √   B   C

→ 보기에 사거리와 화살표로 나아갈 방향이 표시되어 있으므로 길을 알려주는 문제임을 예측할 수 있다. 따라서 '왼쪽', '오른쪽', '직진' 등 관련 단어들에 주의해서 녹음을 들어야 한다. 핵심 표현은 在十字路口往右拐이다. 문장 맨 앞부분에 나오는 一直往前走는 함정이다. 그림에는 사거리가 분명하게 표시되어 있으므로 '사거리에서 어떻게 가야 하는가'가 문제의 핵심이며, 이와 일치하는 사진은 A이다. 길찾기 문제도 자주 출제되므로 방향과 관련된 단어를 잘 숙지해두는 것이 좋다.

정답 A

一直 yìzhí 튄 계속   往 wǎng 전 ~(를) 향해   前 qián 평 앞   走 zǒu 통 걷다
十字路口 shízì lùkǒu 평 사거리   右 yòu 평 오른쪽   拐 guǎi 통 방향을 바꾸다

⊕ 방향 & 위치

东 dōng 동쪽	南 nán 남쪽	西 xī 서쪽
北 běi 북쪽	上(面) shàng(miàn) 위, 위쪽	中(间) zhōng(jiān) 중간
下(面) xià(miàn) 밑, 아래	前 qián 앞, 정면	后 hòu 뒤
左 zuǒ 왼쪽	右 yòu 오른쪽	里(边) lǐ(bian) 안, 안쪽
外(边) wài(bian) 밖, 바깥		

第三部分

一共10个题，每题听两遍。

例如：女：明天下午我们一起去工厂，
好吗？

男：好的，两点从办公室出发。

问：他们从哪儿出发？

现在开始第21题：

第21-30题

제3부분
모두 10문제이며, 각 문제는 두 번씩 들려드
립니다.

예제: 여: 내일 오후에 우리 같이 공장에
가요, 어때요?

남: 좋아요, 2시에 사무실에서 출발
하죠.

질문: 그들은 어디에서 출발하나요?

이제 21번 문제가 시작됩니다:

例如

2회_3부분_00

MP3 파일명입니다.
반복해서 들어보세요!

녹음 내용입니다. 들으면서 눈으로 확인하세요.

女：明天下午我们一起去工厂，好吗？
男：好的，两点从办公室出发。

힌트가 되는 표현입니다.

问：他们从哪儿出发？

A 学校
B 工厂
C 办公室 ✓

시험지에 나오는 보기입니다.
녹음만 듣고 바로 답을
확인해 보세요.

여: 내일 오후에 우리 같이 공장에 가요, 어
때요?
남: 좋아요, 2시에 사무실에서 출발하죠.

질문 : 그들은 어디에서 출발하나요?

A 학교
B 공장
C 사무실

문제 풀이 후 바로 정답을 확인하세요.
답안지에는 2B연필로 [A] [B] ▆
이렇게 표시하세요.

→ 주어진 보기를 살펴보면 장소에 관련된 문제임을 알 수 있다. 그러므로 출발지를 묻는지, 현재 있는 장소를 묻
는지 아니면 도착지를 묻는지 질문을 잘 들어야 한다. 녹음에서 목적지인 공장과 출발지인 사무실 두 개의 장
소가 나오는데, 질문에서 从哪儿出发, 즉 어디에서 출발하는지를 묻고 있으므로 사무실이 답이 된다. **정답 C**

明天 míngtiān 몡 내일　下午 xiàwǔ 몡 오후　一起 yìqǐ 뷔 같이, 함께　去 qù 동 가다
工厂 gōngchǎng 몡 공장　两 liǎng 주 2, 둘　点 diǎn 명 시(時)　从 cóng 전 ~부터
办公室 bàngōngshì 몡 사무실　出发 chūfā 몡동 출발(하다)　哪儿 nǎr 때 어디　学校 xuéxiào 몡 학교

21

2회_3부분_21

男：你们两位，想吃点儿什么？
女：等一会儿，我们再看看菜单。

问：男的最可能是什么人？

A 售货员
B 服务员 ✓
C 邮递员

남: 두 분, 뭐 드실 건가요?
여: 잠시만요, 저희 메뉴판 좀 더 볼게요.

질문: 남자는 어떤 사람일 가능성이 가장 높
은가요?

A 판매원
B 종업원
C 우체부

→ 남자가 你们两位라고 높임말을 사용하고 있으므로 남자는 여자와 일행이 아니며, 여자가 我们再看看菜单
이라고 한 것으로 보아 식당에서 음식을 주문하고 있음을 알 수 있다. 따라서 남자는 식당에서 서빙을 하는 종
업원일 가능성이 가장 높다.　정답 B

两 liǎng 㔋 2, 둘　位 wèi 맹 분, 명(사람을 세는 단위, 존칭)　想 xiǎng 조동 ~하고 싶다　吃 chī 동 먹다
什么 shénme 대 무엇, 무슨　等 děng 동 기다리다　一会儿 yíhuìr 잠시, 곧, 잠깐　再 zài 부 다시
看 kàn 동 보다　菜单 càidān 명 메뉴　可能 kěnéng 부 아마도　人 rén 명 사람
售货员 shòuhuòyuán 명 판매원　服务员 fúwùyuán 명 종업원　邮递员 yóudìyuán 명 우체부

2

듣기

22

2회_3부분_22

🔊

女：小赵，你不是去机场了吗？
怎么又回来了？

男：别提了，我到了机场才发现没带
护照。

问：小赵回来拿什么？

📄 A 登机牌
　　B 护照 ✓
　　C 账单

여: 샤오 자오, 너 공항에 간 거 아니었어?
왜 다시 돌아온 거야?
남: 말도 마, 공항에 도착해서야 여권을 안
가져온 걸 알았어.

질문: 샤오 자오는 무엇을 가지러 돌아왔나
요?

A 탑승권
B 여권
C 계산서

→ 핵심 표현은 我到了机场才发现没带护照이다. 공항에서 '여권'이 없음을 발견했으므로, 샤오 자오가 공항에
서 다시 돌아온 이유가 여권을 가지러 온 것임을 알 수 있다.　　　　　　　　　　　　　정답 B

机场 jīchǎng 명 공항　怎么 zěnme 대 어째서, 왜　又 yòu 부 또, 다시　回来 huílái 동 되돌아오다
别 bié 부 ~하지 마라　提 tí 동 언급하다, 이야기하다　发现 fāxiàn 명동 발견(하다)
带 dài 동 가지다, 지니다　护照 hùzhào 명 여권　拿 ná 동 가지다　登机牌 dēngjīpái 명 탑승권
账单 zhàngdān 명 계산서

23

2회_3부분_23

🔊

女：已经6点了，你几点钟下班啊？

男：还有半个小时，你稍等，我们一起
吃晚饭。

问：男的几点下班？

📄 A 6点
　　B 6点30分 ✓
　　C 7点

여: 벌써 6시야. 너 몇 시에 퇴근해?
남: 아직 30분 남았어. 조금만 기다려, 우리
같이 저녁 먹자.

질문: 남자는 몇 시에 퇴근하나요?

A 6시
B 6시 30분
C 7시

→ 시간을 표현하는 방법에 관한 문제이다. 지금 6시인데 남자는 30분 정도 더 있어야 한다고 했으므로 6시 30분
에 퇴근할 가능성이 가장 높다. '30분'은 시각과 시간 표현 방법에 주의해야 한다. 시각은 三十分 또는 半으로
표현하고, 시간의 양을 표현할 때는 三十分钟, 半个小时, 半个钟头라고 한다.　　　　　정답 B

已经 yǐjīng 부 이미　六 liù 수 6, 여섯　点 diǎn 명 시(時)　了 le 조 문장 끝에 쓰여 완료·변화 등을 표현
下班 xiàbān 동 퇴근하다　还有 háiyǒu 접 그리고, 또한　半 bàn 수 2분의 1, 절반　小时 xiǎoshí 명 시간
稍 shāo 부 약간, 조금　等 děng 동 기다리다　一起 yìqǐ 부 같이　吃 chī 동 먹다
晚饭 wǎnfàn 명 저녁 식사　三十 sānshí 수 30, 서른　分钟 fēnzhōng 명 분　钟头 zhōngtóu 명 분

69

24

🔊 女：先生，你要单人间还是双人间？
男：我要一个商务间。

问：男的最可能订哪个房间？

📄 A 单人间
B 双人间
C 商务间 ✓

여：손님, 1인실을 드릴까요 아니면 2인실을 드릴까요?
남：비즈니스룸으로 주세요.

질문：남자는 어느 객실에 묵을 가능성이 가장 높은가요?

A 1인실
B 2인실
C 비즈니스룸

→ 첫 부분에 여자가 남자에게 질문하고 있으므로 남자의 말에 집중할 필요가 있다. 핵심 표현은 商务间이며, 이는 '비즈니스룸'을 가리킨다. 출장이 잦은 직장인들이 미리 알아두면 좋은 표현이다.　　정답 C

先生 xiānsheng 몡 선생, ~씨(남성에 대한 존칭)　　还是 háishi 집 아니면　　单人间 dānrénjiān 1인실, 싱글룸
双人间 shuāngrénjiān 2인실, 트윈/더블룸　　商务间 shāngwùjiān 비즈니스룸　　最 zuì 분 가장
可能 kěnéng 혱 가능하다　　订 dìng 동 예약하다　　房间 fángjiān 몡 객실

⊕ 호텔
订 dìng 동 예약하다　　标准间 biāozhǔnjiān 스탠다드룸　　套间 tàojiān 스위트룸　　客房 kèfáng 몡 객실
门卡 ménkǎ 몡 카드키　　房费 fángfèi 몡 방값, 객실 요금　　登记 dēngjì 동 체크인하다
退房 tuìfáng 동 체크아웃하다　　叫早 jiàozǎo 동 모닝콜을 하다　　叫醒服务 jiàoxǐng fúwù 모닝콜 서비스

25

🔊 男：请问，CA8035次航班什么时候起飞？
女：很抱歉，由于天气原因，飞机将在两个小时后起飞。

问：飞机为什么还没起飞？

📄 A 飞机坏了
B 天气不好 ✓
C 乘客没来

남：저기요, CA8035편이 언제 이륙하나요?
여：죄송합니다. 날씨 때문에, 비행기는 2시간 후 이륙할 예정입니다.

질문：비행기는 왜 아직 이륙하지 않았나요?

A 비행기가 고장났다
B 날씨가 안좋다
C 승객이 아직 안왔다

→ 由于는 '~때문'이라는 뜻으로 이유를 언급할 때 사용한다. '날씨 때문에 비행기가 2시간 후에 이륙한다'고 했으므로 날씨가 안 좋아서 비행기 이륙이 늦어졌다는 것을 알 수 있다.　　정답 B

两 liǎng 쉬 2, 둘　　请问 qǐngwèn 말씀 좀 여쭙겠습니다　　航班 hángbān 몡 항공편, 운항편
起飞 qǐfēi 동 이륙하다　　抱歉 bàoqiàn 죄송합니다, 미안해하다　　由于 yóuyú 젠 ~때문에
天气 tiānqì 몡 날씨　　原因 yuányīn 몡 원인　　飞机 fēijī 몡 비행기　　将 jiāng 분 장차, 곧
坏了 huàile 동 고장이 나다　　乘客 chéngkè 몡 승객　　来 lái 동 오다

26

2회_3부분_26

🔊 女：<u>我的电脑打不开了</u>，你能帮我看看
　　有什么问题吗？
　　男：对不起，现在有点儿忙，我一会儿
　　去看看。

　　问：关于女的，可以知道什么？

📄 A 电视坏了
　　B 电脑坏了 ✓
　　C 电梯坏了

여: 내 컴퓨터를 켤 수가 없어, 무슨 문제가
있는지 네가 좀 봐줄래?
남: 미안해, 지금 좀 바빠, 조금 있다가 가서
봐줄게.

질문: 여자에 대해 무엇을 알 수 있나요?

A TV가 고장 났다
B 컴퓨터가 고장 났다
C 엘리베이터가 고장 났다

→ 제시된 보기를 미리 확인하고 대화 속에 TV, 컴퓨터, 엘리베이터 중 무엇이 나오는지 잘 듣고 선택한다. 전자
제품은 대체로 电을 써서 유사해 보이므로 구별해서 숙지해두어야 한다. 여자는 자신의 컴퓨터가 망가져서 남
자에게 도움을 구하고 있으므로, B가 가장 적절하다.　　　　　　　　　　　　　　　　　　　정답 B

电脑 diànnǎo 몡 컴퓨터　　**打不开** dǎ bu kāi 켜지지 않다　　**能** néng 조동 ~할 수 있다　　**帮** bāng 돕다
问题 wèntí 몡 문제　　**对不起** duì bu qǐ 미안합니다　　**有点儿** yǒudiǎnr 뷔 조금, 약간　　**忙** máng 혱 바쁘다
一会儿 yíhuìr 잠시, 곧, 잠깐　　**关于** guānyú 젠 ~에 관해서　　**可以** kěyǐ 조동 ~할 수 있다
知道 zhīdào 동 알다　　**电视** diànshì 몡 TV　　**电梯** diàntī 몡 엘리베이터, 에스컬레이터

27

2회_3부분_27

🔊 男：你好！<u>我买一张八点的火车票</u>。
　　女：八点的已经卖完了。你可以买九点
　　的，你要吗？

　　问：对话可能发生在什么地方？

📄 A 旅行社
　　B 机场
　　C 火车站 ✓

남: 안녕하세요! 8시 기차표 한 장 주세요.
여: 8시 표는 이미 다 팔렸는데요, 9시 건 사
실 수 있어요, 드릴까요?

질문: 대화는 어디에서 이루어졌나요?

A 여행사
B 공항
C 기차역

→ 보기에 장소가 나와 있으므로 어떤 장소에 대한 힌트가 나오는지 잘 들어야 한다. 핵심 표현은 火车票로, 남자
가 기차역 매표소에서 표를 사고 있음을 알 수 있다. 그러므로 정답은 C이다.　　　　　　　　　정답 C

买 mǎi 동 사다　　**张** zhāng 양 장(종이, 책상 등 넓은 표면을 가진 것을 세는 단위)　　**火车票** huǒchēpiào 기차표
已经 yǐjīng 뷔 이미　　**卖** mài 동 팔다　　**完** wán 동 끝나다(동사 뒤에서 완료를 표시하는 보어로 쓰임)
可以 kěyǐ 조동 ~할 수 있다, 가능하다　　**对话** duìhuà 몡 대화　　**可能** kěnéng 뷔 아마도
发生 fāshēng 동 발생하다　　**在** zài 동 ~에 있다 젠 ~에서　　**什么** shénme 몡 무슨, 무엇
地方 dìfang 몡 곳　　**旅行社** lǚxíngshè 몡 여행사　　**机场** jīchǎng 몡 공항
火车站 huǒchēzhàn 몡 기차역

⊕ 기차
硬座 yìngzuò 몡 딱딱한 좌석(일반석)　　　**软座** ruǎnzuò 몡 푹신한 좌석(특실)
硬卧 yìngwò 몡 딱딱한 침대(일반 침대칸)　　**软卧** ruǎnwò 몡 푹신한 침대(우등 침대칸)
上铺 shàngpù 몡 침대칸의 맨 위층 침대　　　**中铺** zhōngpù 몡 침대칸의 중간 침대
下铺 xiàpù 몡 침대칸의 아래층 침대
站票 zhànpiào 몡 입석표　　　　　　　　　**退票** tuìpiào 동 표를 환불하다
始发站 shǐfāzhàn 몡 시발역　　　　　　　**终点站** zhōngdiǎnzhàn 몡 종착역

28

🔊

女：先生，请问您是付现金还是刷卡？
男：钱不多，才30元，<u>不用刷卡，付现金吧</u>。

问：男的用什么付钱？

📄
A 支票
B 现金 ✓
C 银行卡

여: 선생님, 현금으로 계산하실 건가요, 카드로 결제하실 건가요?
남: 돈이 얼마 안 되네요. 30위안밖에 안 되니까 카드로 할 필요 없이 현금으로 낼게요.

질문: 남자는 무엇으로 지불하나요?

A 수표
B 현금
C 은행 카드

→ 보기를 보고 결제수단에 대한 질문임을 알 수 있다. 핵심 표현은 不用刷卡, 付现金吧라는 남자의 말에 담겨 있다. 카드와 현금을 모두 언급하고 있으나, '카드로 결제할 필요가 없다'고 한 것에 주의한다. BCT에서는 구입과 결제에 관한 문제가 자주 출제되므로 관련 단어를 익혀두는 것이 좋다.

정답 B

先生 xiānsheng 몡 선생, ~씨(남성에 대한 존칭) **请问** qǐngwèn 말씀 좀 여쭙겠습니다 **付** fù 됭 지불하다
现金 xiànjīn 몡 현금 **还是** háishi 젭 아니면 **刷卡** shuākǎ 됭 카드로 결제하다 **钱** qián 몡 돈
不用 búyòng 囝 ~할 필요가 없다 **用** yòng 됭 쓰다 **什么** shénme 떼 무엇, 무슨
付钱 fùqián 됭 돈을 지불하다 **支票** zhīpiào 몡 수표 **银行卡** yínhángkǎ 은행 카드

29

🔊

男：这个周末，公司的同事们一起去爬山。
女：山上很冷，你多穿点儿衣服，<u>再带些吃的吧</u>。

问：女的认为需要带什么？

📄
A 衣服
B 面包 ✓
C 饮料

남: 이번 주말에 회사 동료들과 함께 등산하러 가.
여: 산 위는 추우니까, 옷 좀 많이 입고, <u>먹을 것 좀 더 가져가</u>.

질문: 여자는 무엇을 가져가야 한다고 생각하나요?

A 옷
B 빵
C 음료

→ 남자가 주말에 산에 간다고 하자 여자는 '날씨가 추울 것이니 옷을 더 입고 먹을 것을 더 가져가'라고 했다. 보기에 제시된 옷과 빵, 음료가 모두 해당되는 것 같지만 동사에 주의해서 문제에 접근해야 한다. 옷은 穿衣服, 음료는 喝饮料라고 말한다. 옷은 '입는' 것이므로 질문에서 말한 带에는 해당하지 않으며, 여자는 带些吃的라고 했으므로 음료보다는 빵이 답으로 적절하다.

정답 B

周末 zhōumò 몡 주말 **公司** gōngsī 몡 회사 **同事** tóngshì 몡 동료 **一起** yìqǐ 囝 같이
爬山 páshān 됭 등산하다 **冷** lěng 톙 춥다 **穿** chuān 됭 입다 **衣服** yīfu 몡 옷
带 dài 됭 가지다, 지니다 **些** xiē 양 조금, 약간 **认为** rènwéi 됭 여기다 **需要** xūyào 됭 요구되다
面包 miànbāo 몡 빵 **饮料** yǐnliào 몡 음료 **喝** hē 됭 마시다

30

2회_3부분_30

◁» 女：你这么高兴，有什么好消息吗？
　　男：是的，那家公司让我明天去上班。

　　问：男的为什么高兴？

▤　A 找到工作了 ✓
　　B 要休假了
　　C 涨工资了

여: 너 이렇게 기분이 좋은 걸 보니, 무슨 좋은 소식이 있니?
남: 응, 그 회사에서 나더러 내일부터 출근하래.

질문: 남자는 왜 기분이 좋은가요?

A 직장을 구했다
B 곧 휴가이다
C 월급이 올랐다

→ 남자가 기쁜 이유는 那家公司让我明天去上班에 들어 있다. 让은 동사로, 주어가 목적어를 시켜 어떤 동작을 하게끔 한다는 의미를 나타낸다. '그 회사에서 나더러 내일부터 출근하라고 했다'고 했으므로 직장을 구했을 가능성이 가장 높다.
정답 A

这么 zhème 団 이렇게　　高兴 gāoxìng 형 기쁘다　　好消息 hǎoxiāoxi 희소식　　公司 gōngsī 명 회사
让 ràng 통 ~하게 하다　　明天 míngtiān 명 내일　　上班 shàngbān 통 출근하다　　找 zhǎo 통 찾다
工作 gōngzuò 명동 일(하다)　　休假 xiūjià 통 휴가(를 보내다)　　涨 zhǎng 통 (값이) 오르다
工资 gōngzī 명 월급

◁» 听力考试现在结束。

듣기 시험이 지금 끝났습니다.

阅读

31~35 ▤

A 贵公司	B 介绍	C 电话
D 不客气	E 还好	F 愉快

문제에 나오는 보기입니다.
문제 풀이 전에 미리
내용을 확인하세요!

A 귀사	B 소개하다	C 전화
D 천만에요	E (그런대로) 괜찮다	F 유쾌하다

贵公司 guì gōngsī 귀사(상대 회사를 부르는 존칭)　**介绍** jièshào 몡 통 소개(하다)　**电话** diànhuà 몡 전화
不客气 bú kèqi 천만에요　**还好** hái hǎo (그런대로) 괜찮다, 다행히　**愉快** yúkuài 몡 유쾌하다

짧은 대화를 보고 빈칸에 알맞은 표현을 보기에서 찾는 문제입니다.
정답을 넣은 완전한 문장을 읽고 난 후 풀이를 보세요.
예제의 정답은 문제 풀 때 제외하고 풀도록 합니다.

例如

▤
男: 谢谢您的帮助。
女: (不客气)。

남: 도와줘서 고마워요.
여: (천만에요).

→ 남자는 여자에게 감사를 표시하고 있다. 감사 표현에 대한 응답으로는 보통 不客气라는 상투어를 사용한다는 것을 기억하자. 예제에 사용된 보기는 실제 문제의 답으로 중복 사용되지 않으므로 이를 제외하고 다음에 제시된 다섯 문제를 푼다.

정답 D

谢谢 xièxie 감사합니다　**您** nín 때 당신　**帮助** bāngzhù 통 돕다

문제 풀이 후 정답을 바로 확인하세요.
답안지에는 2B연필로 굵게 [A] [B] [C] ▬ [E] [F]
이렇게 표시하세요.

31

▤
男: 祝我们合作(愉快)。
女: 来, 干杯!

남: 우리 협력이 (유쾌하기를) 바랍니다.
여: 자, 건배!

→ 여자의 말을 통해 두 사람이 회식, 연회 자리에 있음을 알 수 있다. 祝는 뒤에 '주어 + 동사' 형태가 주로 오므로 '협력' 뒤에는 동사구가 들어갈 가능성이 높다. 축배를 들고 있으므로, '협력이 어떠하기'를 축원하고 있으며, B, D, E, F 가운데 F의 '유쾌하다, 즐겁다'가 축원에 가장 적합하다.

정답 F

祝 zhù 통 기원하다　**合作** hézuò 몡 통 합작(하다)　**干杯** gānbēi 통 건배하다

32

📄 女：这次出差一切都很顺利吧?
男：(还好)，没有遇到什么大麻烦。

여: 이번 출장은 모든 것이 순조로웠지?
남: (그럭저럭 괜찮았지), 크게 골치 아픈 일을 만나지 않았으니까.

→ 여자의 질문에 남자가 '골치 아픈 일이 없었다'고 말했으므로, '그럭저럭 괜찮았다'는 뜻의 E가 가장 적절하다.

정답 **E**

这次 zhè cì 때 이번 **出差** chūchāi 통 출장을 가다 **一切** yíqiè 평 일체, 모두 **都** dōu 팀 모두
很 hěn 팀 매우 **顺利** shùnlì 형 순조롭다 **遇到** yùdào 통 마주치다 **麻烦** máfan 형 번거롭다

33

📄 男：我们的交货日期，(贵公司)觉得合适吗?
女：合适是合适，但时间有点儿紧张。

남: (귀사)에서는 저희 납품일자가 적합하다고 생각하시나요?
여: 적합하기는 한데, 시간이 좀 빡빡해요.

→ 빈칸의 위치는 주어 자리이다. 보기의 명사구 가운데 주어 자리에 사용될 수 있는 '귀사'가 가장 적절하다.

정답 **A**

交货 jiāohuò 납품하다 **日期** rìqī 평 날짜 **觉得** juéde 통 ~라고 느끼다 **合适** héshì 형 적당하다
但 dàn 접 그러나 **时间** shíjiān 평 시간 **有点儿** yǒudiǎnr 팀 조금 **紧张** jǐnzhāng 형 긴박하다

34

📄 女：给大家(介绍)一下，这位是刘东经理。
男：大家好，认识你们很高兴。

여: 여러분께 (소개할게요), 이분이 리우둥 사장님이세요.
남: 여러분 안녕하세요, 여러분을 알게 되어 기쁩니다.

→ 빈칸의 뒤에 '이분이 리우둥 사장님이다'라는 말을 하고 있는 것으로 보아 누군가를 소개하고 있음을 알 수 있다. 사람을 소개할 때는 '给 + 대상 + 介绍'의 형태를 많이 사용한다. 그러므로 介绍가 답으로 적절하다.

정답 **B**

给 gěi 젠 ~에게 **大家** dàjiā 때 모두 **一下** yíxià 평 1회, 한번(동사 뒤에 놓여 '~좀 하다'라는 뜻으로 사용)
经理 jīnglǐ 평 매니저, 사장, 지배인 **认识** rènshi 통 알다, 인식하다 **高兴** gāoxìng 형 기쁘다

35

📄 我现在不太方便接(电话)，请一会儿再打。

제가 지금 (전화) 받기가 좀 불편한데, 잠시 후 다시 해주세요.

→ 힌트는 接와 打로, 이 두 동사와 함께 쓰일 수 있는 것은 电话이다. 接电话는 '전화를 받다'이고, 打电话는 '전화를 걸다'라는 뜻이다.

정답 C

现在 xiànzài 몡 지금　太 tài 틧 너무　方便 fāngbiàn 쀟 편리하다　接电话 jiē diànhuà 전화를 받다
请 qǐng 됭 청하다　一会儿 yíhuìr 잠시, 곧, 잠깐　再 zài 틧 다시　打 됭 (전화를) 걸다

---

36 ~ 40

📄
A 地址	B 韩国	C 性别
D 北京饭店	E 姓名	F 护照号
A 주소	B 한국	C 성별
D 베이징호텔	E 성명	F 여권번호

문제에 나오는 보기입니다.
문제를 풀기 전에 미리
내용을 확인하세요.

📄

```
例如 :      E      : 张 晓 天

36.  _____  : 男

37.  _____  : H896059

38.  国    籍 : _____

39.  工 作 单 位 : _____

40.  _____  : 北京市王府井大街56号
```

간단한 서식에 들어갈 알맞은
항목명과 내용을 찾는 문제입니다.
문제 풀이를 한 뒤
빈칸에 정답을 넣어서
전체 서식을 확인해보세요.

地址 dìzhǐ 몡 주소　韩国 Hánguó 몡 대한민국　性别 xìngbié 몡 성별
北京饭店 Běijīng Fàndiàn 몡 베이징호텔　姓名 xìngmíng 몡 성명, 이름
护照号 hùzhàohào 몡 여권 번호　国籍 guójí 몡 국적　工作 gōngzuò 몡됭 일(하다)
单位 dānwèi 몡 단체, 기관 혹은 그에 속한 부서, 직장　北京市 Běijīng Shì 몡 베이징시
王府井 Wángfǔjǐng 몡 왕푸징(지명)　大街 dàjiē 몡 대로, 큰 길

예제입니다. 문제 풀 때
예제의 정답을 제외하고 풀도록 하세요.

例如

📄 (姓名): 张晓天　　　　　　　　　　　　(성명) : 장샤오톈

→ 장샤오톈은 이름이므로 항목명으로 E가 적절하다.

정답 E

例如 lìrú 됭 예를 들다　张 Zhāng 몡 장(성씨)

문제 풀이 후 정답을 바로 확인하세요.
답안지에는 2B연필로 굵게
[A] [B] [C] [D] ▬ [F]
이렇게 표시하세요.

36

📄 (性別): 男   (성별): 남자

→ 빈칸의 앞이나 뒤의 내용을 보고 항목명이나 항목에 해당하는 내용을 선택하는 유형의 문제이다. 남자는 선택항 중 성별에 해당하므로 정답은 C이다.   정답 C

37

📄 (护照号): H896059   (여권번호): H896059

→ 숫자가 정보로 제공되었다. 숫자를 아우를 수 있는 항목명으로는 号码가 들어가는 것이 가장 적절하므로 여권번호인 F가 답으로 가장 적합하다.   정답 F

38

📄 国籍: (韩国)   국적: (한국)

→ 국적을 묻고 있으므로 나라 이름을 답으로 선택해야 한다. 제시된 선택항 중 나라 이름은 '한국'밖에 없으므로 B가 정답이다.   정답 B

39

📄 工作单位: (北京饭店)   직장: (베이징호텔)

→ 工作单位는 직장을 가리키므로 이에 해당하는 제시어는 D 베이징호텔밖에 없다.   정답 D

40

📄 (地址): 北京市王府井大街56号   (주소): 베이징시 왕푸징대로 56호

→ 빈칸 뒤에 나온 것이 주소이므로 정답은 A이다.   정답 A

第二部分　第41-60题

例如

시험지에 나오는 문제입니다.
이미지와 내용을 꼼꼼히 살펴보는
훈련을 하세요.

★ 这是什么地方?
A 机场
B 会议室
C 洗手间 √

해당 번호를 대신하여 ★로 표시합니다.
2문제 이상일 경우 헷갈리지 않도록
먼저 문제 번호를 표시해두세요.

다양한 형태의 읽기 문제를 푸는 데
도움이 되도록 문제유형 분석,
풀이 방법, 참고 사항이 담겨 있습니다.

★여기는 어디인가요?
A 공항
B 회의실
C 화장실

문제 해석입니다.
바로바로 확인하세요.
모르는 단어는 아래에서
자세히 확인하세요.

→ 표지, 즉 사인은 문자정보 없이 그림만으로 사람들에게 정보를 전달한다. BCT에서는 금지 표지, 공항, 마트, 지하철 등의 사인이 전달하고자 하는 정보를 잘 이해하고 있는가에 대한 문제가 종종 출제된다. 사진은 남녀의 모습으로 보통 화장실 앞에서 잘 볼 수 있는 표지로, 정답은 C이다.　　정답 C

这 zhè 때 이　什么 shénme 때 무엇, 무슨, 어느　地方 dìfang 명 장소, 곳　机场 jīchǎng 명 공항
会议室 huìyìshì 명 회의실　洗手间 xǐshǒujiān 명 화장실

문제 풀이 후 정답을 바로 확인하세요.
당안지에는 2B연필로 [A] [B]━
이렇게 표시하세요.

41

★ 当你看到这种标志时，应该:
A 等一会儿
B 不拍照 √
C 不打电话

★이 표지를 보았을 때 당신은 반드시:
A 잠시 기다린다
B 사진을 찍지 않는다
C 전화를 걸지 않는다

→ 그림은 카메라 사용을 금지한다는 표지이므로 B가 정답이다.　　정답 B

当…时 dāng…shí ~할 때　看 kàn 통 보다　种 zhǒng 명 종, 종류　标志 biāozhì 명 표지
应该 yīnggāi 조동 ~해야 하다　等 děng 통 기다리다　一会儿 yíhuìr 잠시, 곧, 잠깐
拍照 pāizhào 통 촬영하다, 사진을 찍다　打电话 dǎ diànhuà 전화를 걸다

42

东方家具公司
刘华 销售部主任

手机: 182-7786-9856
电子邮件: liuhua@gmail.com
地址: 北京市海淀区图书城54路

동팡가구회사
리우화 판매부 주임

휴대전화: 182-7786-9856
이메일: liuhua@gmail.com
주소: 베이징시 하이뎬구 투수청 54로

★ 下列哪一项最可能是这家公司的产品?

A 桌子 √

B 电视

C 衣服

★ 다음 중 어느 것이 이 회사의 상품일 가능성이 높은가요?

A 책상

B TV

C 옷

→ 명함을 보고 정보를 파악하는 문제도 자주 출제되는 유형이다. 회사명이 '동팡 가구회사'이므로 보기 중에서 책상을 만들 가능성이 가장 높다.

정답 A

东方家具公司 Dōngfāng Jiājù Gōngsī 몡 동팡가구회사(회사명) **刘华** Liú Huá 몡 리우화(인명)
销售部 xiāoshòubù 몡 판매부 **主任** zhǔrèn 몡 주임 **手机** shǒujī 몡 휴대전화, 휴대폰
电子邮件 diànzǐ yóujiàn 몡 이메일 **地址** dìzhǐ 몡 주소 **下列** xiàliè 몡 다음에 열거하다 **哪** nǎ 때 어느
项 xiàng 몡 항목 **最** zuì 튀 가장 **可能** kěnéng 혱 가능하다 **家** jiā 얭 집·점포·공장 등을 세는 단위
产品 chǎnpǐn 몡 상품 **桌子** zhuōzi 몡 테이블 **电视** diànshì 몡 TV **衣服** yīfu 몡 옷

43

网上购物年龄

인터넷 쇼핑 연령

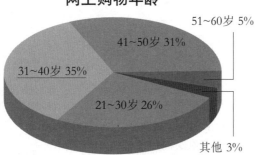

51~60岁 5%
41~50岁 31%
31~40岁 35%
21~30岁 26%
其他 3%

21~30세 26%
31~40세 35%
41~50세 31%
51~60세 5%
기타 3%

★ 哪个年龄段的人最喜欢在网上购物?

A 21-30岁

B 31-40岁 √

C 41-50岁

★ 어느 연령대의 사람들이 인터넷 구매를 가장 좋아하나요?

A 21~30세

B 31~40세

C 41~50세

→ BCT에서는 단순한 형태의 그래프를 분석하는 문제가 출제된다. 이러한 문제 유형은 숫자와 항목을 잘 살펴보면 쉽게 풀 수 있다. 이 그래프는 연령대별 인터넷 쇼핑 구매 비율을 표시한 것으로, 백분율이 높은 연령대가 인터넷 쇼핑을 가장 많이 함을 나타낸다. 가장 많은 비율인 35%를 차지하고 있는 연령은 31~40대이다.

정답 B

网上 wǎngshàng 온라인　购物 gòuwù 图 구입하다　年龄 niánlíng 图 연령
岁 suì 图 살, 세(나이를 세는 단위)　其他 qítā 때 기타　年龄段 niánlíngduàn 연령대
人 rén 图 사람　比例 bǐlì 图 비율　最 zuì 閉 가장　多 duō 图 많다

44

号码	名称	号码	名称
114	查号台	119	火警
120	急救台	121	天气预报

번호	명칭	번호	명칭
114	전화번호 안내	119	화재경보
120	응급구조	121	일기예보

★ 如果看到发生交通事故要打:

A 114

B 120 ✓

C 121

★ 만약 교통사고가 난 것을 보았다면 전화 해야 할 번호는:

A 114

B 120

C 121

→ 교통사고를 목격했을 경우 보통 구급대에 구조요청을 하고 경찰에 신고해야 하는데, 경찰 관련 번호가 없으므로 보기에서 가장 적절한 것은 B이다.　　　정답 B

号码 hàomǎ 图 번호　名称 míngchēng 图 명칭, 이름　查号台 cháhàotái 전화번호 안내센터
火警 huǒjǐng 图 화재경보　急救台 jíjiùtái 응급구조센터　天气预报 tiānqì yùbào 图 일기예보
如果 rúguǒ 만약　发生 fāshēng 图图 발생(하다)　交通 jiāotōng 图 교통　事故 shìgù 图 사고
要 yào 조통 ~해야 하다　打 dǎ 图 (전화를) 걸다

45~46

特价旅游 黄山9天团

成人特价(12岁以上)：3900元

45. 儿童价(12岁以下)：2500元

出发时间：每周一、三、五

出发地点：北京

饭店：八晚 46. 五星级酒店

　　　　（两人一间）

车辆：豪华旅游汽车

小费：100元

특가 여행 황산 9일 단체

성인 특가(12세 이상)：3,900위안

45. 아동가(12세 이하)：2,500위안

출발시간：매주 월, 수, 금

출발지점：베이징

호텔：8일간 46. 5성급 호텔(2인 1실)

차량：고급 관광버스

팁：100위안

特价 tèjià 图 특가　旅游 lǚyóu 图 여행하다　黄山 Huáng Shān 图 황산　天 tiān 图 하루, 일
团 tuán 图 단체　成人 chéngrén 图 성인　岁 suì 图图 살, 세(나이를 세는 단위)
元 yuán 图 위안(중국 화폐단위)　儿童价 értóngjià 어린이 가격　以下 yǐxià 图 이하
出发 chūfā 图图 출발(하다)　时间 shíjiān 图 시간　每 měi 图 매, 각　周一 zhōu yī 월요일
地点 dìdiǎn 图 지점, 장소　北京 Běijīng 图 베이징(지명)　饭店 fàndiàn 图 호텔
星级 xīngjí 图 호텔 등급　酒店 jiǔdiàn 图 호텔　间 jiān 图 방, 간, 실　车辆 chēliàng 图 차량
豪华 háohuá 图 호화롭다　旅游 lǚyóu 图 여행하다　汽车 qìchē 图 차량　小费 xiǎofèi 图 팁, 봉사료

45

📄 ★ 如果11岁的孩子参加旅游，应该付：

A 3900元

B 2500元 ✓

C 100元

★ 만약 11세 아이가 여행에 참가할 경우 지불해야 할 비용은:

A 3,900위안

B 2,500위안

C 100위안

→ 지문은 여행상품 광고이며, 이 지문을 읽고 문제에 해당하는 정보를 잘 검색해야 한다. 지문에는 '12세 이하의 경우 2,500위안'이라고 명시되어 있다. 성인가격의 함정에 빠지지 않도록 주의한다. **정답 B**

如果 rúguǒ 젭 만약　**孩子** háizi 몡 어린이　**参加** cānjiā 동 참가하다　**应该** yīnggāi 조동 ~해야 하다

付 fù 동 지불하다

46

📄 ★ 关于旅游，下面哪一项正确？

A 坐飞机去黄山

B 住很好的饭店 ✓

C 12岁以下半价

★ 여행에 관해, 다음 중 어느 것이 정확한가요?

A 비행기를 타고 황산에 간다

B 매우 좋은 호텔에 묵는다

C 12세 이하는 반값이다

→ 교통편은 비행기가 아니라 차량, 즉 호화 여행버스이다. 12세 이하는 2,500위안의 비용을 지불하는데, 이는 3,900위안의 반값이 아니다. 숙박은 8일간 '5성급 호텔'에 묵는다고 했는데, 5성급은 수준 높은 호텔을 가리키므로 '좋은 호텔에 묵는다'고 한 B가 가장 올바르다. **정답 B**

关于 guānyú 전 ~에 관해서　**下面** xiàmiàn 몡 아래　**正确** zhèngquè 톙 정확하다　**坐** zuò 동 타다

飞机 fēijī 몡 비행기　**半价** bànjià 몡 반값

47

📄

┌─────────────────────────────┐
│ **名品百货商场** │
│ 营业时间 │
│ │
│ 星期一到星期四 9:00 ~ 21:30 │
│ 星期五到星期日 9:00 ~ 22:00 │
└─────────────────────────────┘

밍핀백화점

영업시간

월요일부터 목요일까지 9:00~21:30

금요일부터 일요일까지 9:00~22:00

★ 你想去买东西，应该选择哪个时间？

A 周一 22:00

B 周四 8:30

C 周六 21:30 ✓

★ 물건을 사러 가고 싶다면, 어느 시간대를 선택해야 하나요?

A 월요일 22:00

B 목요일 8:30

C 토요일 21:30

→ 보기에서 주어진 시간대가 지문의 제시된 영업시간 안에 포함되는지를 확인하는 문제이다. 월요일 22:00는 이미 영업시간이 끝났고, 목요일 8:30은 영업시간 전이므로 C가 백화점에서 쇼핑할 수 있는 시간대임을 확인할 수 있다. **정답 C**

名品百货商场 Míngpǐn Bǎihuò shāngchǎng 명 밍핀백화점   营业 yíngyè 명동 영업(하다)
时间 shíjiān 명 시간   星期一 xīngqī yī 월요일   星期日 xīngqī rì 일요일   买 mǎi 사다
东西 dōngxi 명 물건   应该 yīnggāi 조동 ~해야 하다   选择 xuǎnzé 동 선택하다   周一 zhōu yī 월요일

48

写字楼出租

地铁站附近，设备齐全、安全卫生、带电梯，提供免费会议室，免费停车

面积：30m²
租金：5000元/月
联系电话：87760989

★ 关于写字楼可以知道什么？
A 租金500元
B 交通方便 ✓
C 停车收费

사무실 임대

지하철역 부근, 시설완비, 안전하고 깨끗함,
엘리베이터 있음, 무료 회의실, 무료 주차 제공

면적 : 30m²
임대료 : 5,000위안/월
연락전화 : 87760989

★ 사무실에 관해 무엇을 알 수 있나요?
A 임대료 500위안
B 교통이 편리하다
C 주차비를 받는다

→ 사무실 임대 광고문이다. 임대료는 5,000위안으로 A는 답이 아니고, 무료 주차가 가능하다고 했으므로 C '주차비를 받는다' 역시 답으로 부적절하다. 사무실은 지하철역 부근에 있다고 했으므로 '교통이 편리하다'고 볼 수 있다. 따라서 B가 답으로 가장 적절하다.   정답 B

写字楼 xiězìlóu 명 사무실, 사무용 건물   出租 chūzū 동 임대하다   地铁站 dìtiězhàn 지하철역, 전철역
附近 fùjìn 명 부근   设备 shèbèi 명 설비   齐全 qíquán 형 완비하다   安全 ānquán 형 안전하다
卫生 wèishēng 명 위생   电梯 diàntī 명 엘리베이터, 에스컬레이터   提供 tígōng 동 제공하다
免费 miǎnfèi 동 무료로 하다   会议室 huìyìshì 명 회의실   停车 tíngchē 동 주차하다   月 yuè 명 달, 월
联系 liánxì 명동 연락(하다)   电话 diànhuà 명 전화   关于 guānyú 전 ~에 관해서   租金 zūjīn 명 임대료
交通 jiāotōng 명 교통   方便 fāngbiàn 형 편리하다   收费 shōufèi 동 비용을 받다, 유료이다

82

49~50

杨丽出差日程表			
	上午	下午	晚上
9月2日	到达北京	见客户	休息
9月3日	看产品	**49.** 参观工厂	参加晚会
9月4日	**50.** 商量价格	返回上海	放假

양리 출장 일정표			
	오전	오후	저녁
9월 2일	베이징 도착	고객 만남	휴식
9월 3일	상품 보기	**49.** 공장 참관	연회 참석
9월 4일	**50.** 가격 상담	상하이 복귀	휴가

杨丽 Yáng Lì 명 양리(인명)　日程表 rìchéngbiǎo 명 일정표　上午 shàngwǔ 명 오전
下午 xiàwǔ 명 오후　晚上 wǎnshang 명 저녁, 밤　月 yuè 명 달, 월　到达 dàodá 동 도착하다
北京 Běijīng 명 베이징(지명)　见 jiàn 동 보다, 만나다　客户 kèhù 명 고객　休息 xiūxi 명동 휴식(하다)
看 kàn 동 보다　产品 chǎnpǐn 명 상품　参观 cānguān 동 참관하다　工厂 gōngchǎng 명 공장
参加 cānjiā 동 참가하다　晚会 wǎnhuì 명 저녁 파티　商量 shāngliang 동 상의하다　价格 jiàgé 명 가격
返回 fǎnhuí 동 되돌아가다　上海 Shànghǎi 명 상하이(지명)　放假 fàngjià 동 휴가를 내다, 방학하다

49

★ 杨丽哪天访问工厂?
A 9月2日
B 9月3日 ✓
C 9月4日

★ 양리는 언제 공장을 방문하나요?
A 9월 2일
B 9월 3일
C 9월 4일

→ 일정표를 보고 해당 정보를 찾는 문제이다. 9월 3일 오후에 공장을 참관할 예정이므로 B가 답이다. 访问과 参观 모두 공장이나 회사를 찾아갈 때 자주 사용하는 동사이므로 잘 익혀두는 것이 좋다.　정답 B

哪天 nǎ tiān 어느 날　访问 fǎngwèn 명동 방문(하다)　打算 dǎsuan 조동 ~할 생각이다

50

★ 9月4日上午, 杨丽打算做什么?
A 谈价格 ✓
B 看产品
C 签合同

★ 9월 4일 오전, 양리는 무엇을 할 계획인가요?
A 가격 협상을 한다
B 상품을 본다
C 계약서에 사인한다

→ 商量은 '상의하다'라는 뜻으로 谈과 바꾸어 사용할 수 있다. 양리는 9월 4일 오전에 가격 협상을 할 계획이므로 가장 적절한 것은 A이다.　정답 A

打算 dǎsuan 조동 ~하려고 하다　做 zuò 동 하다　谈 tán 동 토론하다　签 qiān 동 서명하다
合同 hétong 명 계약

51 ~ 53 📄

大林公司销售部：

　　53. 我们参观了在上海举行的食品博览会。我们 **52.** 对贵公司生产的水果干很感兴趣，想知道贵公司有没有现货。如果有，**51.** 请寄送各种水果干的商品目录、价格和样品。如果质量很好，价格合适，我们公司就订货。

东方公司

2014年5月7日

다린회사 판매부：

53. 저희는 상하이에서 개최된 식품 박람회를 참관했습니다. 저희는 **52.** 귀사가 생산한 건과에 관심을 갖고 있으며, 귀사에 재고가 있는지 알고 싶습니다. 만약 재고가 있다면 **51.** 각종 건과 카탈로그, 가격과 샘플을 보내주세요. 만약 품질이 좋고 가격이 적절하면 바로 발주하겠습니다.

동팡회사

2014년 5월 7일

大林公司 Dàlín Gōngsī 몡 다린(회사명)　**销售部** xiāoshòubù 몡 판매부
参观 cānguān 몡통 참관(하다)　**举行** jǔxíng 통 거행하다　**食品** shípǐn 몡 식품
博览会 bólǎnhuì 몡 박람회　**生产** shēngchǎn 몡통 생산(하다)　**水果干** shuǐguǒgān 말린 과일
对…感兴趣 duì…gǎnxìngqù ~에 관심이 있다　**现货** xiànhuò 몡 재고　**如果** rúguǒ 젭 만약
寄送 jìsòng 통 우송하다, 부치다　**各种** gè zhǒng 몡 각종, 여러 가지
商品目录 shāngpǐn mùlù 몡 카탈로그　**价格** jiàgé 몡 가격　**样品** yàngpǐn 몡 샘플
质量 zhìliàng 몡 품질　**合适** héshì 혱 적당하다　**订货** dìnghuò 통 주문하다
东方公司 Dōngfāng Gōngsī 몡 동팡(회사명)

51 📄

★ 东方公司为什么发传真？
A 邀请大林公司
B 想知道价格 ✓
C 现在就订货

★ 동팡회사는 왜 팩스를 보냈나요？
A 다린회사를 초청한다
B 가격이 알고 싶다
C 지금 바로 발주한다

→ 동팡회사가 팩스를 보낸 이유는 각종 말린 과일 카탈로그, 가격과 샘플을 받아 보고 싶어서이다. 보기 중 해당되는 내용은 B이다.　　　　정답 **B**

发传真 fā chuánzhēn 팩스를 보내다　**邀请** yāoqǐng 통 초청하다

52 📄

★ 大林公司生产什么？
A 水果干 ✓
B 样品
C 商品目录

★ 다린회사는 무엇을 생산하나요？
A 말린 과일
B 샘플
C 상품 카탈로그

→ 핵심 표현은 我们对贵公司生产的水果干很感兴趣이다. 동팡이 다린에 팩스를 보내며 '귀사가 생산하는 말린 과일에 관심이 많다'고 밝히고 있으므로 다린이 생산하는 것이 말린 과일임을 알 수 있다.　　　　정답 **A**

什么 shénme 데 무엇, 무슨

53

📄 ★ 根据传真，下面哪句话是正确的？

A 产品有现货

B 质量、价格合适

C 东方公司参观了博览会 ✓

★ 팩스에 근거하여, 다음 중 어느 것이 정확한가요?

A 상품의 재고가 있다

B 품질, 가격이 적절하다

C 동팡회사는 박람회를 참관했다

→ 팩스 내용을 꼼꼼히 살펴봐야 하는 문제이다. 핵심 표현은 想知道贵公司有没有现货와 如果质量很好，价格合适 그리고 我们参观了在上海举行的食品博览会이다. 동팡은 '재고가 있는지 알고 싶다'고 했으므로 아직 재고의 유무는 알지 못하며, '만일 품질이 좋고 가격이 적당하다면'이라고 했으므로 아직 가격도 모르는 상태이므로 정확한 내용이 될 수 없다. 동팡은 '상하이에서 개최된 식품박람회에 참관했다'고 분명히 언급하고 있으므로 C가 답이다.

정답 C

根据 gēnjù 젠 ~에 근거하여　　正确 zhèngquè 톙 정확하다

54 ~55

📄

服装全场

满199减40

54. 满399减100

满699减200

55. 活动时间：

2014.8.14. 10:00-8.20. 22:00

（部分商品除外）

의류 한마당

199위안 구입 시 40위안 할인

54. 399위안 구입 시 100위안 할인

699위안 구입 시 200위안 할인

55. 이벤트기간：

2014. 8. 14. 10:00～8. 20. 22:00

（일부 상품 제외）

服装 fúzhuāng 명 의류　　满 mǎn 형 가득 차다　　减 jiǎn 동 줄이다. 덜다　　活动 huódòng 명 행사, 이벤트

时间 shíjiān 명 시간　　部分 bùfen 명 부분　　商品 shāngpǐn 명 상품. 제품　　除外 chúwài 동 제외하다

54

📄 ★ 如果买满399元的衣服，应该付：

A 199元

B 299元 ✓

C 399元

★ 만약 총 399위안어치의 옷을 구입했을 경우 지불해야 하는 금액은：

A 199위안

B 299위안

C 399위안

→ 세 가지 할인 조건 가운데 해당하는 것을 찾아 확인해야 한다. 총 399위안을 구입하면 100위안을 할인해준다고 했으므로 299위안을 지불하면 된다.

정답 B

如果 rúguǒ 접 만약　　一共 yígòng 부 모두　　买 mǎi 동 사다　　衣服 yīfu 명 옷

应该 yīnggāi 조동 ~해야 하다　　付 fù 동 지불하다

55

📄 ★ 根据促销活动的内容，可以知道什么？

A 满600减200

B 8月22日也促销

C 部分商品不促销 ✓

★ 판촉행사의 내용에 근거하여 무엇을 알 수 있나요?

A 600위안어치를 구입하면 200위안을 할인해준다

B 8월22일에도 판촉행사를 한다

C 일부상품은 판촉행사를 하지 않는다

→ 600위안어치를 구입하면 699위안이 넘지 않으므로 100위안 할인에 해당하며, 판촉행사는 8월 20일까지이므로 8월 22일은 판촉행사 기간에 해당되지 않는다. 맨 마지막 빈칸 안에 '일부 상품은 제외된다'고 명시했으므로 판촉행사를 하지 않는 상품이 있을 수 있다.

정답 C

根据 gēnjù 젠 ~에 근거하여   促销 cùxiāo 동 판촉하다   可以 kěyǐ 조동 ~할 수 있다
知道 zhīdào 동 알다   什么 shénme 대 무엇, 무슨

56~57

📄

小刘：
　　56. 请代购一张这星期四到南京的火车票，发车时间最好是早上8点到10点之间。这样我可以中午到南京，下午与客户见面。**57.** 我明天来取票，拜托你！

张华

57. 5月28日

샤오 리우:

56. 이번 주 목요일 난징 가는 기차표 한 장만 대신 좀 구입해줘, 출발시간은 아침 8시에서 10시 사이가 가장 좋아. 이렇게 하면 내가 점심때쯤 난징에 도착해서, 오후에 고객을 만날 수 있어. **57.** 내가 내일 표 가지러 갈게, 부탁해!

장화

57. 5월28일

小刘 Xiǎo Liú 샤오 리우(호칭)   请 qǐng 동 부탁하다   代购 dàigòu 동 대리구입[대리구매] 하다
星期四 xīngqī sì 목요일   南京 Nánjīng 고유 난징(지명)   火车票 huǒchēpiào 기차표
发车 fāchē 동 발차하다   时间 shíjiān 명 시간   最好 zuìhǎo 형 가장 좋다   早上 zǎoshang 명 아침
点 diǎn 양 시(時)   之间 zhījiān 명 사이   中午 zhōngwǔ 명 정오   下午 xiàwǔ 명 오후
客户 kèhù 명 고객   见面 jiànmiàn 동 만나다   明天 míngtiān 명 내일   取票 qǔpiào 동 표를 찾다
拜托 bàituō 동 부탁하다   张华 Zhāng Huá 장화(인명)

56

📄 ★ 张华让小刘做什么？

A 代购火车票 ✓

B 与客户见面

C 到南京工作

★ 장화는 샤오 리우에게 무슨 일을 시켰나요?

A 기차표를 대신 구입한다

B 고객을 만난다

C 난징에 가서 일한다

→ 쪽지를 쓸 때는 받는 사람을 위쪽에, 보내는 사람을 아래쪽 날짜 위에 기입한다. 장화는 샤오 리우에게 난징에 가는 기차표를 대신 구매해줄 것을 부탁했다. 부탁을 뜻하는 请은 문장 맨 앞에 사용하며, 代는 동사와 함께 쓰여 '대신 ~하다', 대리하여 ~하다'라는 뜻을 나타낸다.

정답 A

让 ràng 동 ~하게 하다   工作 gōngzuò 명·동 일(하다)

57

★ 关于这张留言条，可以知道什么?
A 张华到南京见朋友
B 火车可能11点出发
C 张华5月29日来取票 ✓

★ 이 쪽지에 관해 무엇을 알 수 있나요?
A 장화는 난징에 가서 친구를 만난다
B 기차는 11시에 출발할 것이다
C 장화는 5월 29일에 표를 가지러 온다

→ 핵심 표현은 发车时间最好是早上8点到10点之间과 与客户见面, 그리고 我明天来取票이다. 장화는 난징에서 고객을 만날 예정이고, 8시~10시 사이의 표를 사달라고 부탁했으므로 A와 B는 답에서 제외된다. 장화는 쪽지를 5월 28일에 썼고, '내일 가지러 간다'고 했으니 5월 29일에 표를 찾으러 가는 것은 옳은 내용이다.

정답 C

关于 guānyú 쩬 ~에 관해서 **留言条** liúyántiáo 메모, 쪽지 **出发** chūfā 뗑뙹 출발(하다)

58 ~60

总经理工作日程表		
8日 星期一	9:00 - 11:00	去工厂
	15:00 - 17:00	销售部门会议
9日 星期二	9:00 - 9:30	电话会议
	12:00 - 14:00	请刘总吃饭
10日 星期三	59. 14:00 - 17:00	59. 全体部门会议
58. 11日 星期四	10:00 - 11:30	见中国公司代表
	58. 19:00 - 21:00	参加晚会
12日 星期五	9:00	60. 坐飞机去广州
13日 星期六	10:00 - 15:00	60. 参观日本汽车博览会
14日 星期日		

사장님 업무 일정표		
8일 월요일	9:00 – 11:00	공장 방문
	15:00 – 17:00	판매부서 회의
9일 화요일	9:00 – 9:30	전화 회의
	12:00 – 14:00	리우 사장 식사 초대
10일 수요일	59. 14:00 – 17:00	59. 전체 부서 회의
58. 11일 목요일	10:00 – 11:30	중국 회사 대표 만남
	58. 19:00 – 21:00	저녁 연회 참가
12일 금요일	9:00	60. 항공편으로 광저우 행
13일 토요일	10:00 – 15:00	60. 일본자동차 박람회 참관
14일 일요일		

总经理 zǒngjīnglǐ 명 최고 책임자   工作 gōngzuò 명동 일(하다)   日程表 rìchéngbiǎo 명 일정표
星期一 xīngqī yī 월요일   星期日 xīngqī rì 일요일   工厂 gōngchǎng 명 공장
销售 xiāoshòu 동 판매하다   部门 bùmén 명 부서   会议 huìyì 명 회의   电话 diànhuà 명 전화
吃饭 chīfàn 동 밥을 먹다   全体 quántǐ 명 전체   见 jiàn 동 만나다   中国 Zhōngguó 명 중국
代表 dàibiǎo 명동 대표(하다)   参加 cānjiā 명동 참가(하다)   晚会 wǎnhuì 명 저녁 연회, 파티
坐 zuò 동 타다   飞机 fēijī 명 비행기   广州 Guǎngzhōu 명 광저우(지명)   参观 cānguān 명동 참관(하다)
日本 Rìběn 명 일본   汽车 qìchē 명 자동차

58

📄 ★ 总经理哪天下班最晚?

A 10日

B 11日 ✓

C 12日

★ 사장은 언제 가장 늦게 퇴근하나요?

A 10일

B 11일

C 12일

→ 일정표에서 업무가 마무리되는 시간을 확인하면 된다. 사장의 일정이 가장 늦게 끝나는 시간은 21:00로 11일이 가장 적절하다.
정답 B

下班 xiàbān 동 퇴근하다   哪天 nǎ tiān 어느 날, 언제   最 zuì 부 가장   晚 wǎn 형 늦다, 나중의 명 저녁, 밤

59

📄 ★ 根据日程表, 哪个会议最长?

A 销售部门会议

B 电话会议

C 全体部门会议 ✓

★ 일정표에 따르면, 어느 회의가 가장 긴가요?

A 판매부서 회의

B 전화 회의

C 전체 부서 회의

→ 이번 주 회의는 판매부서 회의, 전화 회의, 전체 부서 회의 3번 진행되는데, 가장 길게 진행되는 것은 3시간에 걸쳐 진행되는 전체 부서 회의이다.
정답 C

根据 gēnjù 전 ~에 근거하여   哪个 nǎ gè 어느 (것), 어떤   长 cháng 형 길다

60

📄 ★ 总经理去哪个城市参观博览会?

A 中国

B 广州 ✓

C 日本

★ 사장은 어느 도시로 가서 박람회를 참관하나요?

A 중국

B 광저우

C 일본

→ 사장은 12일 광저우에 가서 13일 일본자동차박람회를 참관하므로 박람회가 열리는 광저우가 답이다. 박람회 명칭이 '일본자동차박람회'로 되어 있다고 하여 일본으로 혼동하지 않도록 주의한다.
정답 B

去 qù 동 가다   哪儿 nǎr 대 어디, 어느 곳

书写

📄 第61-70题

例如

📄 我2011年大学(毕)业， _{bì}
已经工作三年多了。

문제에 정답을 표시했습니다.
한 문장을 쭉 읽고 풀이를 확인하세요.

나는 2011년 대학을 졸업했고, 일한 지 벌써 3년이 되었다.

→ 빈칸 앞에 大学가 있고, 빈칸 위에 bì, 빈칸 뒤에 业가 제시되어 있다. 그리고 뒤에 연결되는 내용에서 '일한 지 3년 되었다'고 하고 있으므로 '대학을 졸업했다'는 표현이 필요함을 알 수 있다. '졸업하다'는 毕业이므로 빈칸에는 毕가 들어가야 한다.

정답 毕

年 nián 몡 해, 년　　**大学** dàxué 몡 대학　　**毕业** bìyè 몡 졸업하다　　**已经** yǐjīng 튀 이미, 벌써
工作 gōngzuò 몡동 일(하다)　　**多** duō 톙 많다

채점자가 잘 알아볼 수 있도록
답안자의 ___ 위에
글씨를 또박또박 쓰세요.

61

📄 你看我穿这件大(衣)漂不漂亮？ _{yī}

네가 보기에 내가 이 외투 입으면 예쁘니?

→ 쓰기 문제에서는 항상 빈칸 앞뒤의 단어를 주의해서 봐야 한다. 빈칸 앞에는 동사 穿과 这件이 있으므로 뒤에 옷 종류가 제시되어야 함을 알 수 있다. 그 뒤에 바로 大가 있으므로 大衣가 가장 적절하다. '지시대명사 + 양사 + 명사' 형태는 자주 출제되므로 잘 숙지해두어야 한다. 大衣는 '외투'라는 뜻이다.

정답 衣

穿 chuān 동 입다　　**件** jiàn 양 건, 벌(옷·일·사건을 세는 단위)　　**大衣** dàyī 몡 외투
漂亮 piàoliang 톙 예쁘다

62

📄 我在(市)场部工作，常常跟客户谈生意。 _{shì}

나는 마케팅부에서 근무하며, 항상 고객과 사업 이야기를 나눈다.

→ 빈칸 앞의 在는 뒤에 주로 장소 명사가 온다. 병음 shì와 빈칸 뒤에 场部라는 글자와 어울리는 것은 市이다. 일반적으로 많이 사용되는 부서의 이름은 중국어로 알아두도록 하자.

정답 市

市场部 shìchǎngbù 마케팅부　　**工作** gōngzuò 몡동 일(하다)　　**常常** chángcháng 튀 늘, 항상
跟 gēn 젠 ~와　　**客户** kèhù 몡 고객　　**谈** tán 동 논의하다　　**生意** shēngyì 몡 사업

⊕ 주요 부서

总务部 zōngwùbù 총무부	**人事部** rénshìbù 인사부	**企划部** qǐhuàbù 기획부
营业部 yíngyèbù 영업부	**销售部** xiāoshòubù 판매부	**市场部** shìchǎngbù 마케팅부
技术部 jìshùbù 기술부	**客服部** kèfúbù 고객서비스부	**生产部** shēngchǎnbù 생산부
信息部 xìnxībù 정보부	**采购部** cǎigòubù 구매부	**会计部** kuàijìbù 회계부
财务部 cáiwùbù 재무부		

63

先生，你给我100块，这是我找给您的(钱qián)。　　손님, 제게 100위안 주셨죠, 이것은 거스름 돈입니다.

→ 的가 있으므로 필요한 것이 명사임을 알 수 있다. 또한 빈칸 앞의 내용이 돈을 받았고, 뒤의 문장에는 동사로 找가 있으며, 제시된 병음이 qián이므로 이 모든 힌트를 적용할 수 있는 적절한 한자는 钱이다. 找는 '찾다'라는 뜻 이외에 '거슬러 주다'라는 뜻으로도 많이 사용된다. 　정답 钱

先生 xiānsheng 몡 선생. ~씨(성인 남성에 대한 존칭)　　**给** gěi 통 주다　　**块** kuài 양 위안(元, 중국 화폐단위)
找钱 zhǎoqián 통 (돈을) 거슬러 주다

64

下车时，我把手机(忘wàng)在出租车上了，怎么办？　　차에서 내릴 때, 나는 휴대전화를 택시에 깜빡 잊고 두고 내렸어, 어떡하지?

→ 把는 목적어를 동사의 앞으로 이끌어내는 역할을 하는 전치사이다. '把 + 목적어 + 동사 + 기타 성분'의 순서로 문장이 구성되므로, 빈칸이 위치한 자리가 동사임을 알 수 있다. 제시된 병음은 wàng이므로 忘이 답이다. 忘은 물건을 '깜빡 잊고' 어딘가에 두고 왔을 때 사용하며, 丢는 아예 잃어버렸을 때 사용한다. 　정답 忘

下车 xiàchē 통 차에서 내리다　　**时** shí 몡 때　　**手机** shǒujī 몡 휴대전화, 핸드폰　　**忘** wàng 통 잊다
出租车 chūzūchē 몡 택시　　**办** bàn 통 (일을) 처리하다　　**丢** diū 통 잃어버리다

65

你感冒了，别(喝hē)咖啡了，来杯热水吧！　　넌 감기에 걸렸으니, 커피를 마시지 말고, 뜨거운 물을 마셔!

→ 别는 문장 맨 앞에 위치하고 뒤에는 주로 동사가 나오며, 동작의 금지를 뜻한다. 빈칸 뒤에 나온 단어가 '커피'이고 뒤에 제시된 병음이 hē이므로 '마시다'라는 뜻의 동사인 喝가 가장 적절하다. 　정답 喝

感冒 gǎnmào 몡통 감기(에 걸리다)　　**别** bié 뷔 ~하지 마라　　**喝** hē 통 마시다　　**咖啡** kāfēi 몡 커피
杯 bēi 몡양 잔(컵이나 잔을 세는 단위)　　**热水** rèshuǐ 몡 따뜻한 물

66

认识您很高兴，这是我的(名片míngpiàn)。　　만나 뵙게 되어 반갑습니다, 여기 제 명함입니다.

→ 처음 만났을 때 주고받는 인사를 하고 있고, 내가 가진 무언가를 설명하고 있다. 빈칸 앞에 的는 명사를 꾸미는 구조조사로, 뒤에 오는 것이 명사임을 알려준다. 그러므로 처음 만났을 때 상대방에게 줄 수 있는 것이고, 제시된 병음이 míngpiàn이므로 가장 적절한 한자는 名片이다. 　정답 名片

认识 rènshi 통 알다. 인식하다　　**很** hěn 뷔 매우　　**高兴** gāoxìng 혱 기쁘다　　**名片** míngpiàn 몡 명함

67

📄 我在报纸上看到贵公司的招聘(^{guǎnggào}广 告)。

저는 신문에서 귀사의 구인광고를 보았습니다.

→ 报纸에서 볼 수 있는 것은 기사와 광고인데, 招聘은 기사보다는 광고에서 많이 다루어진다. 제시된 병음도 guǎnggào이므로 广告가 적절하다.

정답 广告

报纸 bàozhǐ 몡 신문　**看** kàn 동 보다　**贵公司** guì gōngsī 귀사(상대 회사를 부르는 존칭)
招聘 zhāopìn 동 모집하다　**广告** guǎnggào 몡 광고

68

📄 我昨天发了一个(^{diànzǐ}电子)邮件,
你收到了吗?

내가 어제 이메일 하나 보냈는데, 받았어요?

→ 일반적인 형태의 우편인 邮件은 동사로 寄를 사용하는데, 문장에서는 发를 사용하고 있으므로 전자우편, 즉 이메일을 가리키고 있음을 알 수 있다. 제시된 병음 diànzǐ에 적합한 한자는 电子이며, 电子邮件은 '이메일'을 뜻한다.

정답 电子

昨天 zuótiān 몡 어제　**发** fā 동 보내다　**电子邮件** diànzǐ yóujiàn 몡 이메일, 전자우편　**收** shōu 동 받다

69

📄 您要的(^{wénjiàn}文件)复印好了, 您现在要不要?

필요하시다던 서류를 복사했어요. 지금 필요하세요?

→ 제시된 병음은 wénjiàn이고, 빈칸 뒤에는 '복사를 다 했다'고 말한 것으로 보아 가장 적합한 한자는 文件이다.

정답 文件

要 yào 동 필요하다, 원하다　**文件** wénjiàn 몡 문서　**复印** fùyìn 동 복사하다　**现在** xiànzài 몡 지금

70

📄 (^{yínháng}银行)还没开门呢, 你过一会儿去吧。

은행이 아직 안 열었어, 조금 있다가 가.

→ 빈칸 뒤에 '아직 문을 열지 않았다'고 했으므로 상점이나 각종 시설물임을 알 수 있고, 제시된 병음이 yínháng이므로 빈칸에 들어갈 적절한 한자는 银行이다.

정답 银行

银行 yínháng 몡 은행　**还** hái 부 아직　**开门** kāimén 동 문을 열다　**过** guò 동 지나다, 경과하다
一会儿 yíhuìr 잠시, 곧, 잠깐　**去** qù 동 가다

모의고사
3 회
해설

听力

3회_1부분_00

🔊 音乐 30秒 [渐弱]

大家好！欢迎参加 BCT（A）考试。
BCT（A）听力考试分三部分，共30题。
请大家注意，听力考试现在开始。

음악 30초 [점차 약해진다]

여러분 안녕하세요. BCT(A) 시험에 참가하신 것을 환영합니다. BCT(A) 듣기 시험은 3부분으로 나뉘며, 총 30문제입니다. 여러분, 주의를 기울이기 바랍니다. 듣기 시험이 지금 시작됩니다.

第一部分

🔊 一共10个题，每题听两遍。

例如：三
　　　送礼物
现在开始第1题：

제1부분
모두 10문제이며, 각 문제는 두 번씩 들려드립니다.
예제: 3
　　선물을 보내다
이제 1번 문제 시작합니다 :

📄 第1-10题

例如

3회_1부분_00

MP3 파일명입니다.
문제별로 분리되어 있어서 각 문제를 반복해서 들어볼 수 있습니다.

문제 유형 및 풀이 방법, 주의해야 할 사항을 자세히 풀이했습니다.

🔊 三　3　녹음 내용입니다. 뜻을 바로 확인하세요.

📄
듣기 문제를 기다리면서 미리 문제 이미지를 확인해두세요!

사진을 보고 떠올릴 수 있는 단어나 표현을 보여줍니다. 미리 예상해보는 훈련을 해보세요.

ⓘ 사진을 보고 떠올릴 예상 표현　苹果　三个　三个苹果

→ 첫 번째 사진은 '사과'라는 단어를 들려주거나 개수를 세는 문제가 출제될 수 있으므로 苹果, 三个, 三个苹果 등 사진과 관련된 표현이 들리는지 주의해서 듣고 관련 내용이 나오면 답을 선택한다. 녹음에서 숫자 三을 들려주었고 사진 속 사과 개수가 3개이므로 답으로 적절하다.　정답 ✓

三 sān ㊄ 3　苹果 píngguǒ 몡 사과 ── 학습에 도움이 되도록 녹음 내용 및 예상 표현에 나온 단어도 모두 보여줍니다.

🔊 送礼物　선물을 보내다

📄

문제 풀이를 하고 바로 답을 확인할 수 있습니다. 답안지에는 2B연필로 굵게 [✓] 이렇게 칠해주세요.

 사진을 보고 떠올릴 예상 표현　握手

→ 두 번째 사진은 악수를 하고 있는 모습으로 握手라는 단어를 예상할 수 있다. 그런데 들리는 단어는 送礼物이다. 送礼物는 '선물을 하다'라는 뜻으로 사진과 맞지 않으므로 정답이 아니다.　정답 X

送 sòng 됭 보내다, 선물하다　礼物 lǐwù 몡 선물　握手 wòshǒu 됭 악수를 하다

1

3회_1부분_01

🔊 两个杯子 컵 2개

ⓘ 사진을 보고 떠올릴 예상 표현 **两个 瓶子 两瓶酒**

→ 녹음 내용은 '컵 2개'인데 사진은 병이 2개이므로 서로 맞지 않는다. 병은 瓶子이고, 양사로는 个를 사용한다. '수사 + 양사 + 명사'의 어순을 꼭 기억해두고, 양사와 명사의 조합을 잘 알아두어야 한다.
정답 **X**

两 liǎng 〔수〕 둘, 2   **个** gè 〔양〕 개   **杯子** bēizi 〔명〕 컵   **瓶子** píngzi 〔명〕 병   **瓶** píng 〔양〕〔명〕 병   **酒** jiǔ 〔명〕 술

2

3회_1부분_02

🔊 很热 매우 덥다

ⓘ 사진을 보고 떠올릴 예상 표현 **冷 大衣 穿大衣**

→ 녹음 내용은 '매우 덥다'인데 사진 속 남자는 두터운 점퍼를 입고 있으므로 서로 일치하지 않는다. '춥다'는 冷이다.
정답 **X**

很 hěn 〔부〕 매우   **热** rè 〔형〕 덥다, 뜨겁다   **冷** lěng 〔형〕 춥다, 차갑다   **穿** chuān 〔동〕 입다   **大衣** dàyī 〔명〕 외투

3

3회_1부분_03

🔊 信用卡 신용카드

ⓘ 사진을 보고 떠올릴 예상 표현 **卡 刷卡 信用卡 银行卡**

→ 녹음 내용은 '신용카드'란 뜻이고, 사진 속에는 각종 신용카드가 있으므로 서로 일치한다. 卡는 card를 소리 나는 대로 음역한 것이다.
정답 **✓**

信用卡 xìnyòngkǎ 〔명〕 신용카드   **卡** kǎ 〔명〕 카드   **刷卡** shuākǎ 〔동〕 카드로 결제하다
银行卡 yínhángkǎ 〔명〕 은행 카드

4

3회_1부분_04

◁)) 复印机 복사기

📄

ⓘ 사진을 보고 떠올릴 예상 표현　**手机　打电话　智能手机**

→ 녹음 내용은 '복사기'인데 사진은 '휴대전화'이므로 서로 일치하지 않는다. 사무용 기기와 생활가전은 BCT에서 자주 출제되므로 숙지해두는 것이 좋다.　　　　　　정답 X

复印机 fùyìnjī 圓 복사기　**手机** shǒujī 圓 휴대전화, 핸드폰　**打电话** dǎ diànhuà 전화를 걸다
智能手机 zhìnéng shǒujī 圓 스마트폰

5

3회_1부분_05

◁)) 跑步 달리다

📄

ⓘ 사진을 보고 떠올릴 예상 표현　**跑步　慢跑　运动　锻炼**

→ 녹음 내용은 '달리다'로 사진과 내용이 일치한다. BCT에서는 직장인들의 여가생활과 관련된 질문도 종종 등장하기 때문에 스포츠 종목을 알아두는 것이 좋다.　　　　　　정답 √

跑步 pǎobù 圐 뛰다, 달리다　**慢跑** mànpǎo 圐 조깅, 달리기　**锻炼** duànliàn 圐 단련하다, 운동하다
运动 yùndòng 圓圐 운동(하다)

⊕ 운동
爬山 páshān 圐 등산하다　**游泳** yóuyǒng 圐 수영하다　**网球** wǎngqiú 圓 테니스
羽毛球 yǔmáoqiú 圓 배드민턴　**乒乓球** pīngpāngqiú 圓 탁구　**排球** páiqiú 圓 배구
棒球 bàngqiú 圓 야구　**高尔夫球** gāo'ěrfūqiú 圓 골프　**保龄球** bǎolíngqiú 圓 볼링
打篮球 dǎ lánqiú 농구를 하다　**踢足球** tī zúqiú 축구를 하다

96

6

3회_1부분_06

◁)) 打折 할인하다

▤

ⓘ 사진을 보고 떠올릴 예상 표현 **打折 打7折 7折**

→ −30%는 30% 할인을 의미한다. 녹음 내용은 '할인하다'라는 뜻이므로 할인율을 표시한 사진과 일치한다. 중국
에서는 할인율을 %로 표현할 때 −30%처럼 앞에 '−'를 붙이고, 한자로는 7折로 표현한다. 참고로 90% 할인은
1折이다.   정답 √

打折 dǎzhé 동 할인하다   **七** qī 수 7, 일곱   **7折** qī zhé 30% 할인   **打7折** dǎ qī zhé 30% 할인하다

7

3회_1부분_07

◁)) 签字 서명하다

▤

ⓘ 사진을 보고 떠올릴 예상 표현 **画 画儿 画画儿**

→ 녹음 내용은 '서명하다'라는 뜻이고, 사진에서는 그림을 그리고 있으므로 서로 일치하지 않는다. 비즈니스맨이
라면 서명을 받거나 서명할 일이 많으므로 반드시 알아두어야 할 단어이다.   정답 X

签字 qiānzì 동 서명하다   **画** huà 동 그리다   **画儿** huà(r) 명 그림

8

3회_1부분_08

◁)) 人民币 인민폐(중국 화폐)

▤

ⓘ 사진을 보고 떠올릴 예상 표현 **美元 美金 外汇**

→ 녹음 내용은 '인민폐'로 중국 화폐의 이름이고, 사진은 미국 화폐인 달러이므로 일치하지 않는다. 우리말로는
위안(元)화, 달러화, 원화라고 명명하지만 중국 화폐는 '인민폐'라는 이름이 있음을 알아두자.   정답 X

人民币 Rénmínbì 명 인민폐   **美元** Měiyuán 명 미국 화폐, 달러   **美金** Měijīn 명 미국 화폐, 달러
外汇 wàihuì 명 외국 화폐, 외화

⊕ 외화

美元 Měiyuán 달러(USD)　　欧元 Ōuyuán 유로(EUR)　　韩元 Hányuán 원(KRW)
港币 Gǎngbì 홍콩달러(HKD)　日元 Rìyuán 엔(JPY)　　英镑 Yīngbàng 파운드(GBP)
新加坡元 Xīnjiāpōyuán 싱가포르 달러(SGD)
加拿大元 Jiānádàyuán 캐나다 달러(CAD)

9

3회_1부분_09

◁)) 发烧　열이 나다

📄

① **사진을 보고 떠올릴 예상 표현**　小娃娃　小孩儿　睡　睡觉

→ 녹음 내용은 '열이 나다'인데 아이는 편안하게 잠을 자고 있으므로 서로 일치하지 않는다.　　　　정답 X

发烧 fāshāo 图 열이 나다　　小娃娃 xiǎo wáwa 图 아기, 인형　　小孩儿 xiǎoháir 图 아이, 아기
睡 shuì 图 잠자다　　睡觉 shuìjiào 图 잠을 자다

10

3회_1부분_10

◁)) 眼镜　안경

📄

① **사진을 보고 떠올릴 예상 표현**　眼镜　眼镜框　黑色

→ 녹음 내용은 '안경'이며, 사진 속 사물도 '안경'이므로 서로 일치한다. 眼镜을 발음할 때 4성인 镜을 너무 가볍게 발음하면 '눈'을 뜻하는 眼睛으로 들릴 수 있으므로 주의해야 한다. 眼睛의 睛은 경성이다.　　정답 √

眼镜 yǎnjìng 图 안경　　眼镜框 yǎnjìngkuàng 图 안경테　　眼睛 yǎnjing 图 눈(신체)
黑色 hēisè 图 검은색, 흑색

第二部分

3회_2부분_00

🔊 一共10个题，每题听两遍。

例如：再见，李先生。

现在开始第11题：

📄 第11-20题

例如

3회_2부분_00

🔊 再见，李先生。 잘 가요, 미스터 리. ◠ 녹음 내용입니다. 뜻을 바로 확인하세요.

MP3 파일명입니다.
반복들해서 들어보세요!

📄

시험지에 나오는 문제 이미지입니다.
표정·동작·사물·배경 등에 주의해서
미리 살펴보세요!

문제 풀이 후 정답을 바로 확인하세요.
답안지에는 2B연필로 굵게 ▬ [B] [C]
이렇게 표시하세요.

A ✓   B   C

→ **再见**은 헤어질 때 하는 인사이므로 첫 번째 그림이 적절하다.   정답 A

再见 zàijiàn 통 또 뵙겠습니다   **李** Lǐ 명 이(성씨)   **先生** xiānsheng 명 선생, ~씨(성인 남자에 대한 존칭)

11

3회_2부분_11

🔊 会议室里一个人也没有。 회의실 안에는 한 사람도 없다.

📄

A   B ✓   C

→ '一＋양사＋명사＋也没有'는 '~이 하나도 없다'라는 뜻의 전체 부정 문형이다. '한 사람도 없다'고 했으므로
사진 속에 사람이 없는 B가 답으로 가장 적절하다.   정답 B

会议室 huìyìshì 명 회의실   **里** lǐ 명 안, 속   **人** rén 명 사람   **有** yǒu 통 있다   **没有** méiyǒu 통 없다

12

🔊 我就要这三本，一共多少钱? 이 3권을 주세요, 모두 얼마예요?

📄

A   B   C ✓

→ 녹음 내용에서 '얼마'인지 묻고 있으므로 책을 구입하고자 하는 것을 알 수 있다. '3권'을 구입하고자 하므로, 녹음 내용에 적절한 그림은 3권의 책이 있는 C이다.
정답 C

就 jiù [부] 곧, 즉시, 바로　　要 yào [동] 원하다　　这 zhè [대] 이, 이것　　本 běn [명] 권(책 등을 세는 단위)
一共 yígòng [부] 모두　　多少 duōshao [대] 얼마　　钱 qián [명] 돈, 금액

13

🔊 你要喝什么饮料，茶还是咖啡? 너 무슨 음료 마실래, 차 아니면 커피?

📄

A   B   C ✓

→ 녹음 내용에서는 어떤 음료를 마실 것인지 묻고 있다. 제시된 사진 중에서 음료 제공이 가능한 것으로 보이는 곳은 사람들이 음료를 마시고 있는 C 커피숍이다.
정답 C

要 yào [조동] ~하려고 하다　　喝 hē [동] 마시다　　什么 shénme [대] 무슨, 무엇　　饮料 yǐnliào [명] 음료
茶 chá [명] 차　　还是 háishi [접] 또는, 아니면　　咖啡 kāfēi [명] 커피

14

🔊 在这儿买东西可以刷卡吗? 여기에서 물건을 사면 카드로 결제할 수 있나요?

📄

A ✓   B   C

→ 핵심 표현은 刷卡로 '카드로 결제하다'라는 뜻이다. 그러므로 카드를 들고 있는 A가 가장 적절하다. B에 나온 '이를 닦다'라는 표현에도 刷를 사용하여 刷牙라고 한다.
정답 A

在 zài [전] ~에서　　这儿 zhèr [대] 여기　　买 mǎi [동] 사다　　东西 dōngxi [명] 물건
可以 kěyǐ [조동] ~할 수 있다　　刷卡 shuākǎ [동] 카드로 결제하다　　刷牙 shuāyá [동] 이를 닦다

15

3회_2부분_15

🔊 让他再睡一会儿吧，昨天加班太累了。 걔 한숨 더 자게 놔둬. 어제 야근해서 무척 피곤할 거야.

📄

A　　　　　　　B ✓　　　　　　C

→ 핵심 표현은 再睡一会儿이다. 좀 더 자게 놔두라고 했으므로 他는 잠을 자고 있는 상황임을 알 수 있다. 따라서 잠을 자고 있는 B가 가장 적절하다. 이런 유형의 문제에서는 동사에 주의해야 한다. A는 吃, C는 喝가 녹음에 들어 있는지 잘 들어야 한다. 　　　　　　　　　　　　　　정답 B

让 ràng 통 ~하게 하다　再 zài 부 다시, 더　睡 shuì 통 (잠을) 자다　一会儿 yíhuìr 잠시, 곧, 잠깐
昨天 zuótiān 명 어제　加班 jiābān 통 초과 근무를 하다　太(…了) tài(…le) 부 너무　累 lèi 형 피곤하다
吃 chī 통 먹다　喝 hē 통 마시다

16

3회_2부분_16

🔊 请问，王经理的办公室在几层？ 말씀 좀 여쭤볼게요. 왕 사장님의 사무실이 몇 층인가요?

📄

A ✓　　　　　　B　　　　　　　C

→ 장소가 사진으로 제시된 경우 대화가 이루어지고 있는 장소나 언급하는 장소가 어디인지를 묻는 유형이 많다. 핵심 표현은 办公室이다. '사무실이 몇 층인지' 묻고 있으므로 사무실로 보이는 A가 가장 적합하다. B와 C는 각각 洗手间(화장실), 饭馆(음식점)이다. 　　　　　　　　　　　　정답 A

请问 qǐngwèn 말씀 좀 여쭙겠습니다　王 Wáng 명 왕(성씨)　经理 jīnglǐ 명 사장, 매니저, 지배인
办公室 bàngōngshì 명 사무실　在 zài 통 ~에 있다　几 jǐ 대 몇, 얼마(주로 10 이하의 숫자를 물을 때 사용)
层 céng 명 층　洗手间 xǐshǒujiān 명 화장실　饭馆 fànguǎn 명 음식점

3
듣기

17

🔊 往前走，右边第三个房间就是经理办公室。

앞으로 가서 오른쪽 세 번째 방이 바로 사장님 사무실입니다.

📄

A   B ✓   C

→ 듣기에서는 방향과 관련된 문제가 종종 출제되므로, 관련 단어를 잘 알아두어야 한다. 핵심 표현은 **右边第三个房间**이며, 복도를 사이에 두고 나열된 방들 가운데 오른쪽 세 번째 방이 검은 색으로 표시된 B가 답으로 적절하다.

정답 B

往 wǎng 전 ~를 향해서(나아가는 방향 또는 행선지를 표시)   **前** qián 명 (방위·순서·시간의) 앞   **走** zǒu 동 걷다
右边 yòubian 명 오른쪽   **第** dì 제(수사 앞에서 차례의 몇 째를 가리킴)   **房间** fángjiān 명 방
总经理 zǒngjīnglǐ 명 (기업의) 최고 책임자, 사장   **办公室** bàngōngshì 명 사무실

➕ 길 묻기

来 lái 동 오다	**去** qù 동 가다	**进** jìn 동 들어가다
出 chū 동 나가다	**回** huí 동 돌아오다, 돌아가다	**拐** guǎi 동 방향을 바꾸다
上 shàng 명 위	**下** xià 명 아래	**左** zuǒ 명 왼쪽
右 yòu 명 오른쪽	**前** qián 명 앞	**后** hòu 명 뒤
里 lǐ 명 안	**外** wài 명 밖, 바깥	**十字路口** shízì lùkǒu 명 사거리
丁字路口 dīngzì lùkǒu 명 삼거리	**附近** fùjìn 명 부근, 근처	**对面** duìmiàn 명 맞은편, 반대편
旁边 pángbiān 명 옆, 곁	**往左拐** wǎng zuǒ guǎi 좌회전 하다	
往右拐 wǎng yòu guǎi 우회전 하다	**往前走** wǎng qián zǒu 앞으로 가다	

18

3회_2부분_18

🔊 已经5点半了，我要回公司了。 벌써 5시 30분이야. 나 회사로 돌아가야 해.

📄

A   B   C ✓

→ 시간 표현을 듣고 시간이 올바르게 표시된 그림을 찾는 문제이다. **5点半**(5시 30분)이라고 했으므로 C가 답이다. 30분을 **三十分**이라고도 하고, 한 시간의 반이므로 **半**이라고도 한다.

정답 C

已经 yǐjīng 부 이미   **点** diǎn 명 시(時)   **半** bàn 수 절반, 2분의 1   **要** yào 조동 ~해야 하다
回 huí 동 돌아가다   **公司** gōngsī 명 회사

19

3회_2부분_19

🔊 飞往上海的机票一张850元。 상하이로 가는 비행기표는 한 장에 850위안입니다.

📄

上海→广州	北京→上海	北京→上海
450元	1050元	850元

A   B   C ✓

→ 핵심 표현은 飞往上海, 850元이다. 往은 목적지, 행선지를 표시하는 전치사이므로 출발지는 모르지만 목적지가 상하이임을 알 수 있다. 또 금액은 850위안이라고 했으므로 정답은 C이다. 목적지와 금액을 잘 들어야 한다.   정답 C

飞 fēi 동 날다, 비행하다   往 wǎng 전 ~향해서   上海 Shànghǎi 명 상하이(지명)   机票 jīpiào 명 비행기표
张 zhāng 양 장(종이, 책상, 침대 등 넓고 평평한 것을 세는 단위)   元 yuán 양 위안(중국 화폐단위)

20

3회_2부분_20

🔊 前方到站是西直门站，下车的乘客请做好准备！
다음 역은 시즈먼역입니다. 하차하실 승객은 준비하세요.

📄

A ✓   B   C

→ 핵심 표현은 前方到站是西直门站이다. 西直门은 베이징에서 대형서점과 쇼핑몰로 유명한 지역이다. 베이징에서 지하철을 타보지 않았더라도, 위에 제시된 지하철, 여객선, 비행기 가운데 站(역), 下车(하차하다)라는 단어를 쓸 수 있는 교통수단은 A밖에 없다.   정답 A

前方 qiánfāng 명 앞쪽   站 zhàn 명 정류장, 역   西直门 Xīzhímén 명 시즈먼(지명)
下车 xiàchē 동 하차하다   乘客 chéngkè 명 승객   请 qǐng 동 부탁하다, 청하다   做 zuò 동 하다
准备 zhǔnbèi 동 준비하다

3
듣기

第三部分

🔊 一共10个题，每题听两遍。

例如：女：明天下午我们一起去工厂，
好吗？
男：好的，两点从办公室出发。

问：他们从哪儿出发？

现在开始第21题：

📄 第21-30题

제3부분
모두 10문제이며, 각 문제는 두 번씩 들려드립니다.

예제: 여: 내일 오후에 우리 같이 공장에
가요, 어때요?
남: 좋아요, 2시에 사무실에서 출발
하죠.
질문: 그들은 어디에서 출발하나요?
이제 21번 문제가 시작됩니다:

녹음 내용입니다. 들으면서 눈으로 확인하세요.

例如

3회_3부분_00

MP3 파일명입니다.
반복해서 들어보세요!

🔊 女：明天下午我们一起去工厂，好吗？
男：好的，两点从办公室出发。

힌트가 되는 표현입니다.

问：他们从哪儿出发？

📄 A 学校
B 工厂
C 办公室 ✓

시험지에 나오는 보기입니다.
녹음만 듣고 바로 답을
확인해 보세요.

여: 내일 오후에 우리 같이 공장에 가요, 어때요?
남: 좋아요, 2시에 사무실에서 출발하죠.

질문: 그들은 어디에서 출발하나요?

A 학교
B 공장
C 사무실

문제 풀이 후 바로 정답을 확인하세요.
답안지에는 2B연필로 [A] [B]
이렇게 표시하세요.

→ 주어진 보기를 살펴보면 장소에 관련된 문제임을 알 수 있다. 그러므로 출발지를 묻는지, 현재 있는 장소를 묻는지 아니면 도착지를 묻는지 질문을 잘 들어야 한다. 녹음에서 목적지인 공장과 출발지인 사무실 두 개의 장소가 나오는데, 질문에서 从哪儿出发, 즉 어디에서 출발하는지를 묻고 있으므로 사무실이 답이 된다. 정답 C

明天 míngtiān 몡 내일　**下午** xiàwǔ 몡 오후　**一起** yìqǐ 뷔 같이, 함께　**去** qù 됭 가다
工厂 gōngchǎng 몡 공장　**两** liǎng 쉬 2, 둘　**点** diǎn 몡 시(時)　**从** cóng 젠 ~부터
办公室 bàngōngshì 몡 사무실　**出发** chūfā 몡됭 출발(하다)　**哪儿** nǎr 떼 어디　**学校** xuéxiào 몡 학교

21

3회_3부분_21

🔊 男：陈小姐，您好！认识您很高兴。
女：认识您我也很高兴。

问：根据对话，可以知道什么？

📄 A 他们是朋友
B 他们刚认识 ✓
C 他们是同事

남: 미스 천, 안녕하세요! 만나 뵙게 되어서
반갑습니다.
여: 당신을 알게 되서 저도 기쁩니다.

질문: 대화에 근거하여 무엇을 알 수 있나요?

A 그들은 친구이다
B 그들은 방금 알았다
C 그들은 동료이다

→ 핵심 표현은 认识您很高兴으로, 처음 만날 때 하는 인사말이다. 서로 '만나서 반갑다'고 이야기하는 것으로 보아 둘은 방금 처음 만났음을 알 수 있다.
정답 B

104

小姐 xiǎojiě 명 아가씨(미혼 여성을 부르는 호칭)　先生 xiānsheng 명 선생님. ~씨(성인 남성을 부르는 존칭)
认识 rènshi 동 알다. 인식하다　很 hěn 부 매우　高兴 gāoxìng 형 기쁘다　根据 gēnjù 전 ~에 근거하여
对话 duìhuà 명 대화　可以 kěyǐ 조동 ~할 수 있다　知道 zhīdào 동 알다　刚 gāng 부 방금
同事 tóngshì 명 동료

22

3회_3부분_22

◁))
女：新来的小王这个人怎么样?
男：还不错，长得很帅，也很能干。

问：男的认为小王怎么样?

A 漂亮
B 挺好的 ✓
C 没有能力

여: 새로 온 샤오 왕, 이 사람 어때?
남: 괜찮더라, 잘 생기고, 능력도 있어.
질문: 남자는 샤오 왕이 어떠하다고 생각하나요?

A 예쁘다
B 꽤 괜찮다
C 능력이 없다

→ 핵심 표현은 还不错이며, 그 뒤에 보다 상세하게 설명하고 있다. 还不错는 '그런대로 괜찮다'는 뜻이며, 긍정적인 의사표현이다. 漂亮은 보통 여자에게 사용하며, 남자가 잘 생겼을 때는 帅를 쓴다. 能干은 '유능하다'라는 뜻으로 没有能力와 반대된다. 따라서 B가 답으로 가장 적합하다.　정답 B

新 xīn 형 새롭다　来 lái 동 오다　怎么样 zěnmeyàng 대 어떠하다　不错 búcuò 형 좋다
帅 shuài 형 잘생기다　能干 nénggàn 형 유능하다　认为 rènwéi 동 ~라 여기다
漂亮 piàoliang 형 예쁘다　挺…的 tǐng…de 매우 ~하다　能力 nénglì 명 능력

23

3회_3부분_23

◁))
男：我已经出海关了，怎么看不见你?
女：出站口人太多，我在出站口对面的
　　咖啡厅。

问：女的现在在哪儿?

A 海关
B 出站口
C 咖啡厅 ✓

남: 나 벌써 세관을 통과했는데, 왜 네가 안 보이지?
여: 출구에 사람들이 너무 많아서, 출구 맞은편 커피숍에 있어.
질문: 여자는 지금 어디에 있나요?

A 세관
B 출구
C 커피숍

→ 보기에 나온 장소가 모두 녹음에 등장하므로 함정에 빠지지 않도록 여자 대답을 끝까지 주의해서 들어야 한다. 여자는 '출구에 사람이 많아 출구 앞 커피숍에 있다'고 했으므로 C가 답이다.　정답 C

已经 yǐjīng 부 이미　海关 hǎiguān 명 세관　看不见 kàn bu jiàn 보이지 않다
出站口 chūzhànkǒu 명 (공항, 항구, 기차역 등의) 출구　太 tài 부 너무　多 duō 형 많다
对面 duìmiàn 명 맞은편　咖啡厅 kāfēitīng 명 커피숍　现在 xiànzài 명 지금　哪儿 nǎr 대 어디

🔊 男：你怎么了？看起来脸色不好。
女：我头疼、发烧，全身都不舒服。

问：女的应该去哪儿？

📄 A 医院 ✓
B 超市
C 会议室

남: 너 왜 그래? 안색이 안 좋아 보여.
여: 난 머리가 아프고, 열이 나고, 온몸이 안 좋아.

질문: 여자는 어디에 가야 하나요?

A 병원
B 마트
C 회의실

→ 보기에는 장소가 나와 있는데, 두 사람의 대화에는 장소가 없다. 대화를 듣고 여자의 상태를 파악해야 하는 문제이다. 여자는 두통과 발열이 나면서 전신이 아프다고 말하고 있으므로 병원에 가야 한다고 볼 수 있다.

정답 A

怎么了 zěnme le 왜 그래? 무슨 일이야? **看起来** kàn qǐlái 보기에, 보아하니 **脸色** liǎnsè 몡 안색
头疼 tóuténg 몡 두통 통 머리가 아프다 **发烧** fāshāo 통 열이 나다 **全身** quánshēn 전신
都 dōu 閉 모두, 다 **应该** yīnggāi 조동 ~해야 하다 **超市** chāoshì 몡 마트 **会议室** huìyìshì 몡 회의실
医院 yīyuàn 몡 병원

🔊 男：今晚的会议很重要，你可别迟到。
女：你别担心，我一定会准时到的。

问：男的希望女的怎么样？

📄 A 担心
B 参加面试
C 按时到 ✓

남: 오늘 저녁 회의는 매우 중요하니까, 절대 지각하지 마.
여: 걱정 마, 반드시 제시간에 도착할 거야.

질문: 남자는 여자가 어떠하기를 바라나요?

A 걱정한다
B 면접에 참석한다
C 제때에 도착한다

→ 핵심 표현은 你可别迟到이다. 可는 '그러나'라는 뜻 이외에 '매우, 정말, 절대로' 등의 의미로 쓰여 강조하는 역할도 많이 한다. 남자가 여자에게 절대 늦지 말라고 했으므로 '제때에 도착하다'라는 뜻을 나타내는 C가 가장 적절하다.

정답 C

今晚 jīnwǎn 몡 오늘 밤 **会议** huìyì 몡 회의 **重要** zhòngyào 몡 중요하다
可 kě 閉 평서문에서 강조를 나타냄 **别** bié 閉 ~하지 마라 **迟到** chídào 통 지각하다
担心 dānxīn 통 걱정하다 **一定** yídìng 閉 반드시, 꼭 **准时** zhǔnshí 몡 정확한 시간, 정각
到 dào 통 도달하다 **希望** xīwàng 몡통 희망(하다) **参加** cānjiā 통 참가하다
按时 ànshí 閉 제때에, 제시간에

26

🔊 女：我们明天一起去香山，怎么样？
男：天气预报说明天刮风。<u>周末天气好，周末去吧</u>。

问：男的想什么时候去香山？

📄 A 明天
B 周末 ✓
C 下星期

여: 우리 내일 샹산에 같이 가자, 어때?
남: 일기예보에서 내일 바람 분다고 했어, 주말에 날씨 좋다니까 주말에 가자.

질문: 남자는 언제 샹산에 가고 싶어 하나요?

A 내일
B 주말
C 다음주

→ 보기에 시기가 제시되어 있으므로, 어떤 시기가 제시되는지 집중해서 잘 듣도록 한다. 핵심 표현은 周末去吧이다. 질문에서 '남자가 가고 싶은 곳'을 묻고 있으므로 남자의 대답이 중요하다. 남자가 '내일 바람이 부니까 주말에 가자'고 제안하고 있으므로 B가 가장 적절하다.　　　　정답 B

明天 míngtiān 몡 내일　**一起** yìqǐ 뷔 같이　**香山** Xiāng Shān 몡 샹산(지명)
天气预报 tiānqì yùbào 몡 일기예보　**刮风** guāfēng 통 바람이 불다　**周末** zhōumò 몡 주말
下星期 xià xīngqī 몡 다음 주

27

🔊 男：这么晚了，你怎么还在办公室？
女：<u>刚才经理有事找我</u>，我这就回。

问：女的为什么还在办公室？

📄 A 等她的朋友
B 发电子邮件
C 经理找过她 ✓

남: 이렇게 늦었는데, 왜 아직까지 사무실에 있어?
여: 방금 사장님이 일 있다고 나를 찾았어, 지금 갈 거야.

질문: 여자는 왜 아직 사무실에 있나요?

A 친구를 기다린다
B 이메일을 발송한다
C 사장이 그녀를 찾았다

→ 핵심 표현은 经理有事找我이다. '사장님께서 일 때문에 나를 찾았다'는 여자의 말 속에 그대로 표현이 들어 있으므로 놓치지 않도록 해야 한다. 가장 적절한 답은 C이다.　　　　정답 C

晚 wǎn 혱 늦다　**还** hái 뷔 여전히　**在** zài 통 ~에 있다　**办公室** bàngōngshì 몡 사무실
刚才 gāngcái 몡 지금, 막　**经理** jīnglǐ 몡 사장, 매니저, 지배인　**有事** yǒu shì 일이 있다. 용무가 있다
找 zhǎo 통 찾다　**朋友** péngyou 몡 친구　**发** fā 통 보내다, 발송하다
电子邮件 diànzǐ yóujiàn 몡 이메일, 전자우편

🔊 女：明天我们去机场接儿子吧。
男：九点出发怎么样?

问：他们要去机场接谁?

📄 A 孩子 √
B 同学
C 爸爸

여: 내일은 우리 공항에 아들 마중 나가요.
남: 9시에 출발하면 어때?

질문: 그 사람들은 누구를 마중하러 공항에
가나요?

A 아이
B 학우
C 아빠

→ 핵심 표현은 去机场接儿子이다. 여자가 남자에게 '공항에 아들을 마중하러 가자'고 하고 있으므로 A가 가장
적합하다. 孩子는 '어린 아이, 자녀'라는 뜻이 있다.   정답 A

明天 míngtiān 명 내일   机场 jīchǎng 명 공항   接 jiē 동 마중하다   儿子 érzi 명 아들
出发 chūfā 명·동 출발(하다)   怎么样 zěnmeyàng 대 어떠하다   谁 shuí 대 누구
孩子 háizi 명 아이, 자녀   同学 tóngxué 명 학우   爸爸 bàba 명 아빠

⊕ 공항 & 항공
机场 jīchǎng 명 공항   行李 xíngli 명 짐   托运 tuōyùn 동 (짐, 화물) 위탁운송하다
超重 chāozhòng 동 무게를(중량을) 초과하다   登机牌 dēngjīpái 명 탑승권   登机口 dēngjīkǒu 명 탑승구
安全检查 ānquán jiǎnchá 안전검사   航班 hángbān 명 항공편, 정기편   推迟 tuīchí 동 연기하다
起飞 qǐfēi 동 이륙하다   降落 jiàngluò 동 착륙하다   安全带 ānquándài 안전띠, 안전벨트
经济舱 jīngjìcāng 이코노미석   公务舱 gōngwùcāng 비즈니스석   头等舱 tóudēngcāng 일등석

🔊 男：这花儿真漂亮，一定是男朋友送的
吧?
女：哪儿啊，是一个同事送的，表示感
谢。

问：这花儿是谁送给女人的?

📄 A 同事 √
B 男朋友
C 爱人

남: 이 꽃 정말 예쁜데요, 남자 친구가 보낸
거지요?
여: 아니에요, 어떤 동료가 준 거예요, 고맙
다고.

질문: 이 꽃은 누가 여자에게 준 것인가요?

A 동료
B 남자 친구
C 배우자

→ 핵심 표현은 是一个同事送的이다. 是…的 구문은 '…' 부분에 담긴 내용을 강조하는 문형이고, 선물을 줄 때
는 送를 많이 사용한다. 여자는 '꽃을 동료가 준 것'이라고 말하고 있으므로 정답은 A이다.   정답 A

花 huā 명 꽃   漂亮 piàoliang 형 예쁘다   一定 yídìng 부 반드시, 꼭
男朋友 nán péngyou 명 남자 친구   送 sòng 동 주다, 보내다   哪儿 nǎr 대 아니야 (반어구에 쓰여 부정을 표시)
同事 tóngshì 명 동료   表示 biǎoshì 동 (사상·감정 등을) 표시하다   感谢 gǎnxiè 동 감사하다
爱人 àiren 명 남편 또는 아내

30

3회_3부분_30

🔊 女： 你觉得王丽写的报告怎么样?

男： 虽然有点儿长，<u>但是内容丰富，很不错</u>。

问： 男的认为王丽的报告怎么样?

📄 A 内容简单

B 句子很短

C 写得很好 √

여: 너 왕리가 쓴 보고서에 대해 어떻게 생각해?

남: 길기는 하지만, 내용이 풍부하고, 참 괜찮더라.

질문: 남자는 왕리의 보고서가 어떻다고 생각하나요?

A 내용이 간단하다

B 문장이 짧다

C 매우 잘 썼다

→ 핵심 표현은 非常不错이다. 不错는 '틀리지 않다, 나쁘지 않다'라는 뜻으로, 긍정의 표현임에 주의해야 한다. 남자는 보고서가 내용이 풍부하고 아주 괜찮다고 했으므로, 왕리의 보고서가 잘 되었다고 생각한다는 것을 알 수 있다. 가장 적절한 것은 C이고, A와 B는 남자의 생각과 반대되는 내용이다. 정답 C

觉得 juéde 图 ~라고 느끼다 　写 xiě 图 쓰다 　报告 bàogào 圆图 보고(하다)

怎么样 zěnmeyàng 団 어떠하다 　虽然…但是~ suīrán… dànshì~ 비록 …하지만 ~하다

有点儿 yǒudiǎnr 凰 조금, 좀 　内容 nèiróng 圆 내용 　丰富 fēngfù 풍부하다

不错 búcuò 圈 나쁘지 않다, 좋다 　认为 rènwéi 图 ~라 여기다 　简单 jiǎndān 圈 간단하다

句子 jùzi 圆 문장, 구 　短 duǎn 圈 짧다

🔊 听力考试现在结束。

듣기 시험이 지금 끝났습니다.

阅读

第一部分 📄 第31-40题

31~35

📄

A 没关系	B 联系	C 麻烦
D 不客气	E 哪位	F 光临

> 문제에 나오는 보기입니다.
> 문제 풀이 전에 미리
> 내용을 확인하세요!

A 괜찮다	B 연락하다	C 귀찮다
D 뭘요	E 어느분	F 왕림하다

没关系 méi guānxi 상관없다, 괜찮다 **联系** liánxì 몡통 연락(하다) **麻烦** máfan 혱 번거롭다, 귀찮게 하다
不客气 bú kèqi 천만에요 **哪位** nǎ wèi 어느 분 **光临** guānglín 몡통 왕림(하다)

> 짧은 대화를 보고 빈칸에 알맞은 표현을 보기에서 찾는 문제입니다.
> 정답을 넣은 완전한 문장을 읽고 난 후 풀이를 보세요.
> 예제의 정답은 문제 풀 때 제외하고 풀도록 합니다.

例如

📄

男: 谢谢您的帮助。
女: (不客气)。

남: 도와줘서 고마워요.
여: (천만에요).

→ 남자는 여자에게 감사를 표시하고 있다. 감사 표현에 대한 응답으로는 보통 不客气라는 상투어를 사용한다는
것을 기억하자. 예제에 사용된 보기는 실제 문제의 답으로 중복 사용되지 않으므로 이를 제외하고 다음에 제시
된 다섯 문제를 푼다.

정답 D

谢谢 xièxie 감사합니다 **您** nín 떼 당신 **帮助** bāngzhù 통 돕다

> 문제 풀이 후 정답을 바로 확인하세요.
> 답안지에는 2B연필로 굵게 [A] [B] [C] ▄ [E] [F]
> 이렇게 표시하세요.

31

📄

男: 欢迎(光临)！请问几位?
女: 我们四个人。

남: 환영합니다 (어서 오세요)! 몇 분이세
요?
여: 저희 4명이요.

→ 빈칸 뒤에 '몇 분이세요?'라고 묻고 있는 것으로 보아 손님을 맞고 있는 상점이나 식당 등의 영업장소임을 알
수 있다. 欢迎光临은 '어서오세요'라는 뜻으로 영업장소에서 손님을 맞을 때 사용하는 표현이다.

정답 F

欢迎 huānyíng 통 환영하다 **请问** qǐngwèn 말씀 좀 여쭙겠습니다 **几** jǐ 떼 몇, 얼마(주로 10 미만일 때 사용)
位 wèi 양 분(사람을 세는 단위, 존칭)

32

📄 女：真抱歉，王总，我来晚了。
男：(没关系)，我们刚刚开始。

여: 정말 죄송합니다. 왕 사장님, 제가 늦었
네요.
남: (괜찮아요), 우리 방금 시작했어요.

→ 핵심 표현은 真抱歉이다. 사과에 응대하는 표현은 没关系이므로 A가 적절하다.   정답 A

抱歉 bàoqiàn 통 미안해하다　来 lái 통 오다　晚 wǎn 형 늦다　刚刚 gānggāng 부 지금, 막
开始 kāishǐ 명 통 시작(하다)

33

📄 男：请问，您找(哪位)?
女：王经理在吗? 他一直不接手机。

남: 실례합니다만, (어느 분을) 찾으세요?
여: 왕 사장님 계세요? 그분이 계속 휴대전
화를 안 받으시네요.

→ 핵심 표현은 王经理在吗이다. 남자의 물음에 여자는 왕 사장님이 자리에 계시는지 되묻고 있으므로, 사람을
찾고 있음을 알 수 있다. 회사에서 전화를 받거나 방문객을 만났을 때 '누구 찾으세요?'라고 묻는 경우가 많은
데 이때 您找哪位를 많이 사용한다.   정답 E

请问 qǐngwèn 말씀 좀 여쭙겠습니다　找 zhǎo 통 찾다　经理 jīnglǐ 명 사장님, 매니저, 지배인
在 zài 통 ~에 있다　一直 yìzhí 부 계속　接 jiē 통 받다　手机 shǒujī 명 휴대전화, 핸드폰

34

📄 女：(麻烦)您帮我看看这份说明书。
男：没问题，我来看看。

여: (번거롭겠지만) 저를 도와서 이 설명서
좀 검토해주세요.
남: 그래요, 제가 봐드릴게요.

→ 핵심 표현은 帮我看看这份说明书이다. 빈칸 뒤에 '설명서를 좀 봐주세요'라며 도움을 요청하고 있다. 남에
게 무엇을 부탁할 때 请 이외에 '번거롭게 해드려서 죄송합니다만'이라는 의미로 麻烦您을 많이 사용한다.
     정답 C

帮 bāng 통 돕다　看 kàn 통 보다　说明书 shuōmíngshū 명 설명서　没问题 méi wèntí 괜찮다
来 lái 통 (어떤 동작, 행동을) 하다

35

📄 如果工厂里有现货，请马上跟我(联系)。

만약 공장에 재고가 있으면, 바로 제게 연락
주세요.

→ 핵심 표현은 跟我이다. 跟은 '跟 + 명사 + 동사'의 형태로 쓰여서 '명사와 함께 동사하다'라는 뜻을 나타내므
로, 빈칸에 동사가 들어가야 함을 알 수 있다. 跟…联系는 '~에게 연락하다'라는 뜻이다.   정답 B

如果 rúguǒ 접 만약　工厂 gōngchǎng 명 공장　现货 xiànhuò 명 재고　请 qǐng 통 청하다, 부탁하다
马上 mǎshàng 부 곧, 즉시　跟 gēn 전 ~와, ~랑

36~40

A 十张　　B 办公桌　　C 付款方式
D 灰色　　E 姓名　　　F 大小

A 10장　　　B 책상　　　C 지불 방식
D 회색　　　E 이름　　　F 크기

문제에 나오는 보기입니다.
문제를 풀기 전에 미리
내용을 확인하세요.

例如 : ＿＿＿E＿＿＿ : 张 晓 天

36. 商 品 名 : ＿＿＿＿＿
37. 数 　 量 : ＿＿＿＿＿
38. ＿＿＿＿＿ : 120 × 75 × 80
39. 颜 　 色 : ＿＿＿＿＿
40. ＿＿＿＿＿ : 信用卡

간단한 서식에 들어갈 알맞은
항목명과 내용을 찾는 문제입니다.
문제 풀이를 한 뒤
빈칸에 정답을 넣어서
전체 서식을 확인해보세요.

办公桌 bàngōngzhuō 몝 사무용 책상　**付款方式** fùkuǎn fāngshì 지불 방식, 결제 방식
灰色 huīsè 몝 회색　**姓名** xìngmíng 몝 성명　**大小** dàxiǎo 몝 크기, 사이즈

예제입니다. 문제 풀 때
예제의 정답을 제외하고 풀도록 하세요.

例如

(姓名): 张晓天　　　　　　　　　　　(성명): 장샤오톈

→ 장샤오톈은 이름이므로 항목명으로 E 姓名이 가장 적절하다.

정답 E

例如 lìrú 통 예를 들다　**张** Zhāng 몝 장(성씨)

문제 풀이 후 정답을 바로 확인하세요.
답안지에는 2B연필로 굵게
[A] [B] [C] [D] ▇ [F]
이렇게 표시하세요.

36

商品名: (办公桌)　　　　　　　　　상품명: (사무용 책상)

→ 제시어 가운데 '상품명'이라는 항목에 어울리는 것은 B 사무용 책상뿐이다.

정답 B

商品名 shāngpǐnmíng 상품명, 품목

37

数量: (十张)　　　　　　　　　　　수량: (10장)

→ 제시어 가운데 '수량'이라는 항목에 해당하는 것은 A 十张뿐이다. 양사 张은 넓고 평평한 책상, 침대, 종이 등을 셀 때 사용한다.

정답 A

数量 shùliàng 몝 수량

38 📄 (大小): 120 × 75 × 80　　　　　　　　　　　(사이즈): 120 × 75 × 80

→　'숫자×숫자'는 보통 사물의 크기를 표시하는데, 이를 **大小** 또는 **规格**이라고 한다. **规格**가 더 정식적인 단어이
　　므로 함께 숙지해두는 것이 좋다. 숫자가 3개이므로 가로, 세로, 너비를 나타내고 있음을 알 수 있다.　정답 F

　　大小 dàxiǎo 명 크기, 사이즈　　**规格** guīgé 명 규격

39 📄 颜色: (灰色)　　　　　　　　　　　　　　색깔: (회색)

→　**颜色**는 '색, 색깔'이라는 뜻이며, 제시어 가운데 색깔을 나타내는 것은 **灰色**뿐이다.　정답 D

　　颜色 yánsè 명 색채, 색

40 📄 (付款方式): 信用卡　　　　　　　　　　(지불 방식): 신용카드

→　제시어 가운데 신용카드와 의미가 연결되는 것은 '결제 방식, 지불 방식'이라는 뜻의 **付款方式**뿐이다. 흔히
　　사용되는 결제방식으로 **信用卡**와 **现金**이 있으며, **信用卡**는 동사로 **刷**를 사용하고, **现金**은 **付**를 사용한다.
　　　　　　　　　　　　　　　　　　　　　　　　　　　　　　　　　　　　정답 C

　　信用卡 xìnyòngkǎ 명 신용카드　　**现金** xiànjīn 명 현금

第二部分　📄 第41-60题

例如

📄

시험지에 나오는 문제입니다.
이미지와 내용을 꼼꼼히 살펴보는
훈련을 하세요.

★ 这是什么地方?
A 机场
B 会议室
C 洗手间 ✓

해당 번호를 대신하여 ★로 표시합니다.
2문제 이상일 경우 헷갈리지 않도록
먼저 문제 번호를 표시해두세요.

다양한 형태의 읽기 문제를 푸는 데
도움이 되도록 문제유형 분석,
풀이 방법, 참고 사항이 담겨 있습니다.

★ 여기는 어디인가요?
A 공항
B 회의실
C 화장실

문제 해석입니다.
바로바로 확인하세요.
모르는 단어는 아래에서
자세히 확인하세요.

→ 표지, 즉 사인은 문자정보 없이 그림만으로 사람들에게 정보를 전달한다. BCT에서는 금지 표지, 공항, 마트, 지하철 등의 사인이 전달하고자 하는 정보를 잘 이해하고 있는가에 대한 문제가 종종 출제된다. 사진은 남녀의 모습으로 보통 화장실 앞에서 잘 볼 수 있는 표지로, 정답은 C이다.　　정답 C

这 zhè 떼 이　　什么 shénme 떼 무엇, 무슨, 어느　　地方 dìfang 몡 장소, 곳　　机场 jīchǎng 몡 공항
会议室 huìyìshì 몡 회의실　　洗手间 xǐshǒujiān 몡 화장실

문제 풀이 후 정답을 바로 확인하세요.
답안지에는 2B연필로 [A] [B] 🖊
이렇게 표시하세요.

41

📄

★ 根据这张图可以知道，这里：
A 禁止停车 ✓
B 可以停车
C 不准步行

★ 이 그림에 근거하여 알 수 있는 사항은.
여기는:
A 주차금지이다
B 주차할수 있다
C 보행 금지이다

→ 중국의 길거리에서 흔히 볼 수 있는 표지판으로 원 안에 사선이 그어져 있는 것은 금지를 뜻한다. 停은 '멈추다, 세우다'라는 의미로 '주차'를 뜻하며, 금지 표시가 되어 있으므로 '주차를 할 수 없음'을 나타낸다.　　정답 A

图 tú 몡 그림　　可以 kěyǐ 조동 ~할 수 있다　　知道 zhīdào 됭 알다　　这里 zhèlǐ 떼 이곳, 여기
禁止 jìnzhǐ 몡됭 금지(하다)　　停车 tíngchē 됭 주차하다　　走路 zǒulù 됭 길을 가다

⊕ 금지
请勿吸烟 qǐng wù xīyān 흡연 금지　　　　请勿拍照 qǐng wù pāizhào 촬영 금지
禁打手机 jìn dǎ shǒujī 휴대전화 사용 금지　　禁止通行 jìnzhǐ tōngxíng 통행 금지
禁止进入 jìnzhǐ jìnrù 진입 금지　　　　　禁止骑车 jìnzhǐ qí chē 자전거·오토바이 금지
禁止饮用 jìnzhǐ yǐnyòng 음용 금지　　　　禁止宠物入内 jìnzhǐ chǒngwù rù nèi 애완동물 입장 금지

42

> 王刚：
>
> 　　我有事出去了，马上回来。如果有个叫李明的人来找我，请让他在我的办公室等我。
>
> 刘林
2014年10月7日

왕깡:

나 일이 있어서 외출하는데 금방 돌아올 거야. 만약 리밍이라는 사람이 날 찾아오면 내 사무실에서 기다리라고 해줘.

리우린
2014년 10월 7일

★ 根据留言，下列哪项正确？

A 王刚马上回来

B 刘林出去了 ✓

C 李明找到了刘林

★ 메모에 근거하여, 다음 중 어느 것이 정확한가요?

A 왕깡은 곧 돌아온다

B 리우린은 외출했다

C 리밍은 리우린을 찾았다

→ 쪽지를 쓸 때는 to, from의 표시가 없더라도 받는 사람을 맨 위쪽에, 보내는 사람을 맨 아래쪽에 기입한다. 이 쪽지는 리우린이 왕깡에게 보낸 것으로, 외출한 사람이 리우린이므로 B가 답이다. 이 쪽지로는 C의 내용이 아직 이루어진 사항이 아니므로 사실로 볼 수 없다.

정답 B

王刚 Wáng Gāng 몡 왕깡(인명)　**事** shì 몡 일　**出去** chūqù 통 나가다　**马上** mǎshàng 튀 곧, 금방
回来 huílái 통 돌아오다　**如果** rúguǒ 젭 만약　**叫** jiào 통 ~하게 하다　**李明** Lǐ Míng 몡 리밍(인명)
找 zhǎo 통 찾다　**请** qǐng 통 부탁하다, 청하다　**让** ràng 통 ~하게 하다　**办公室** bàngōngshì 몡 사무실
等 děng 통 기다리다　**刘林** Liú Lín 몡 리우린(인명)　**根据** gēnjù 젠 ~에 근거하여
留言 liúyán 통 말을 남기다, 메모를 남기다　**正确** zhèngquè 혱 정확하다, 틀림없다

43

张华11月份支出	
租金	2000元
餐费	80元
车费	50元
水电费	350元
其他	300元

장화 11월 지출	
임대료	2,000위안
식비	80위안
차비	50위안
수도전기료	350위안
기타	300위안

★ 11月份哪项的支出最多？

A 租金 ✓

B 餐费

C 水电费

★ 11월에는 어느 항목의 지출이 가장 많은가요?

A 임대료

B 식비

C 수도·전기 요금

→ 각 항목의 정보를 확인하여 질문에 답하는 문제이다. 금액이 가장 큰 항목을 찾아보면 임대료가 2,000위안으로 가장 크다.

정답 A

张华 Zhāng Huá 몡 장화(인명)　**月份** yuèfèn 몡 월, 월분　**支出** zhīchū 몡통 지출(하다)
元 yuán 몡 위안(중국 화폐단위)　**租金** zūjīn 몡 임대료　**餐费** cānfèi 몡 식비　**车费** chēfèi 몡 차비
水电费 shuǐdiànfèi 몡 수도·전기 요금　**其他** qítā 때 기타　**最** zuì 튀 가장　**多** duō 혱 많다

您好！
　　谢谢您的消费。我们国庆节期间正常送货。您的货品会在三日之内到达。
发信人：时尚服装网

안녕하세요!
구매해주셔서 감사합니다. 저희 쇼핑몰에서는 국경절 기간에 물품을 정상 발송합니다. 고객님의 물품은 3일 이내에 도착할 예정입니다.
발신자: 스상의류인터넷쇼핑몰

★ 发信人可能在哪儿工作？
A　旅行社
B　手机公司
C　网上商城 ✓

★ 발신자는 어디에서 일할까요?
A　여행사
B　휴대전화 회사
C　인터넷 쇼핑몰

→ 배송 안내에 관한 휴대전화 문자 내용이다. 마지막 부분에 发信人: 服装网이라는 표현으로 미루어 보아 의류를 판매하는 인터넷 쇼핑몰임을 알 수 있다. 网, 网上은 '인터넷', 商城은 '쇼핑몰'을 뜻하며, 쇼핑몰 등에서 '의류'를 표현할 때 衣服보다 服装을 많이 사용한다.　　　　정답 C

消费 xiāofèi 몡통 소비(하다)　　国庆节 Guóqìng Jié 몡 국경절　　期间 qījiān 몡 기간
正常 zhèngcháng 톙 정상적이다　　送货 sònghuò 배송하다　　货品 huòpǐn 몡 상품
之内 zhī nèi ~의 안　　到达 dàodá 통 도달하다, 도착하다　　发信人 fāxìnrén 발신자
时尚服装网 Shíshang Fúzhuāngwǎng 몡 스상의류인터넷쇼핑몰　　可能 kěnéng 아마도　　做 zuò 통 하다
什么 shénme 때 무엇, 무슨　　旅行社 lǚxíngshè 몡 여행사　　手机 shǒujī 몡 휴대전화, 핸드폰
公司 gōngsī 몡 회사　　网上商城 wǎngshàng shāngchéng 인터넷 쇼핑몰

停电通知

45. 各位员工：
　　从11月24日到26日，在国际大厦八层到十层要 46. 停电检查，请有关员工做好准备。
　　停电时间：
　　11月24日 07:00～10:00
　　11月25日 07:00～10:00
　　特此通知

　　　　　　　国际大厦管理处
　　　　　　　2014年11月10日

정전 알림

45. 전 직원에게:
11월 24일부터 26일까지, 궈지빌딩 8층에서 10층까지 **46.** 단전 후 검사를 실시합니다. 관련된 직원들은 미리 준비하시기 바랍니다.
정전 시간:
11월 24일 07:00 ～ 10:00
11월 25일 07:00 ～ 10:00
이를 특별히 고지하는 바입니다.
　　　　　　　궈지빌딩 관리처
　　　　　　　2014년 11월 10일

停电 tíngdiàn 图图 정전(되다)　通知 tōngzhī 图 통지(하다)　各 gè 대 각, 각각, 여러 가지
位 wèi 图 분, 명(사람을 세는 단위, 존칭)　员工 yuángōng 图 종업원, 직원　从 cóng 전 ~부터
月 yuè 图 달, 월　日 rì 图 일　到 dào 图 ~까지　在 zài 전 ~에서　国际大厦 Guójì Dàshà 图 궈지빌딩
层 céng 图 층　检查 jiǎnchá 图图 검사(하다)　做 zuò 图 하다　准备 zhǔnbèi 图 준비하다
时间 shíjiān 图 시간　特此通知 tècī tōngzhī 이를 특별히 통지합니다　管理处 guǎnlǐchù 图 관리처

45

📄　★ 这个通知的对象是：

A 全职员 ✓

B 管理处

C 客户

★ 이 통지의 대상은:

A 전체 직원

B 관리처

C 고객

→　통지문은 대상을 맨 앞에, 통지를 알리는 사람이나 부서는 맨 끝에 기입한다. 통지 대상은 맨 위에 各位员工
이라고 나와 있으며, 各位员工은 '각각의 종업원, 모든 직원'이라는 뜻이므로 全职员과 의미가 통한다. 그러
므로 정답은 A이다. 员工과 职员, 各와 全 등 유사한 의미를 지닌 단어들을 숙지해두는 것이 좋다.　　정답 A

对象 duìxiàng 图 대상　全 quán 형 온, 전, 전체의　职员 zhíyuán 图 직원　客户 kèhù 图 고객

46

📄　★ 这个通知的主要内容是：

A 举行面试

B 停电检查 ✓

C 修理空调

★ 이 통지의 주요 내용은:

A 면접을 실시한다

B 단전 검사를 한다

C 에어컨을 수리한다

→　이 통지의 주요 내용은 제목에 나와 있듯이 정전이 된다는 내용이며, 자세한 사항은 본문에 在国际大厦八层
到十层要停电检查라고 명시되어 있다. 주어진 정보를 자세히 살펴보는 것이 중요하다.　　정답 B

内容 nèiróng 图 내용　参加 cānjiā 图 참가하다　面试 miànshì 图 면접보다　修理 xiūlǐ 图 수리하다
空调 kōngtiáo 图 에어컨

47

📄

| 深圳人才招聘会 |
| 求职者免费入场 |

日期：2014年3月25日到3月28日

地址：火车站西路6号，大发服装城
　　　对面

交通：138路、158路，在火车站西路
　　　下车

联系电话：6573-1815、6573-1816

선전 채용 박람회
구직자 무료 입장

일자: 2014년 3월25일~3월28일
주소: 휘처잔시로6호, 다파의류몰 맞은편
교통: 138번, 158번, 휘처잔시로에서 하차
연락전화: 6573-1815, 6573-1816

★ 根据招聘广告，下面哪项正确?
A 会场在火车站附近 ✓
B 没有联系电话
C 求职者买票进场

★ 채용 광고에 근거하여, 다음 중 어느 것이 정확한가요?
A 회의장은 기차역 부근이다
B 연락처 전화번호가 없다
C 구직자는 표를 구입해서 입장한다

→ 지문은 채용박람회 광고로, 광고 제목 바로 아래에 '구직자 무료 입장'이라고 적혀 있으며, 채용박람회가 열리는 날짜와 주소, 교통편, 연락할 전화번호를 밝히고 있다. 따라서 B와 C는 틀린 내용이며, 채용회가 열리는 주소가 **火车站西路**라고 되어 있으므로 기차역 부근임을 알 수 있다.　　　정답 A

深圳 Shēnzhèn 圆 선전(지명)　**人才** réncái 圆 인재, 인력　**招聘会** zhāopìnhuì 圆 채용박람회
求职者 qiúzhízhě 圆 구직자　**免费** miǎnfèi 圆 무료로 하다　**入场** rùchǎng 圆 입장하다
日期 rìqī 圆 날짜　**地址** dìzhǐ 圆 주소　**火车站** huǒchēzhàn 圆 기차역　**西** xī 圆 서쪽
服装城 fúzhuāngchéng 圆 의류몰　**对面** duìmiàn 圆 맞은편　**交通** jiāotōng 圆 교통
路 lù 圆 (교통편의) 노선　**下车** xiàchē 圆 하차하다　**联系** liánxì 圆 연락(하다)　**电话** diànhuà 圆 전화
会场 huìchǎng 圆 회의장　**附近** fùjìn 圆 부근　**买票** mǎi pìao 표를 사다　**进入** jìnrù 圆 들어가다

48

주택 임대

방 3, 거실 1, 화장실 1
임대료: 2,500위안/월
건물층: 3층, 총 6층
면적: 108m²
교통: 18번, 29번, 지하철 7호선

房屋出租

3室1厅1卫
租金：2500元/月
楼层：3层，共6层
面积：108m²
交通：18路、29路，地铁7号线

★ 根据广告内容，下面哪句话是正确的?
A 租金是月付 ✓
B 没有客厅
C 附近没有公共汽车

★ 광고 내용에 근거하여, 다음 중 어느 것이 정확한가요?
A 임대료는 월세이다
B 거실이 없다
C 근처에 버스가 없다

→ 부동산 중개업소(房地产公司) 앞이나 주택가 골목 벽, 전봇대 등에서 흔하게 볼 수 있는 임대 광고이다. 짧은 전단인 만큼 방, 거실, 화장실, 방세 등의 정보를 간략하게 표현하므로 약어를 익혀두는 것이 좋다. 室는 **卧室**(침실), 厅은 **客厅**(거실), 卫는 **卫生间**(화장실)의 줄임말이다. 집세는 '2500위안/월'로 표현했으므로 월세가 맞고, 집 형태는 3室1厅1卫라고 명시하고 있으며, 주변 교통에 대한 것은 **公共汽车**라는 표현은 없으나 18路、29路라는 버스 노선번호가 주어져 있으므로 버스가 있다는 것을 알 수 있다.　　　정답 A

房屋 fángwū 圆 집　**出租** chūzū 圆 임대하다　**室** shì 圆 방　**厅** tīng 圆 거실, 홀　**卫** wèi 圆 화장실
租金 zūjīn 圆 임대료　**楼层** lóucéng 圆 (건물의) 층　**共** gòng 圆 전부　**面积** miànjī 圆 면적
交通 jiāotōng 圆 교통　**地铁** dìtiě 圆 지하철　**号线** hàoxiàn 圆 호선, 지하철 노선　**附近** fùjìn 圆 부근, 근처
广告 guǎnggào 圆 광고　**月付** yuèfù 매달 지불하다　**公共汽车** gōnggòng qìchē 圆 버스
房地产公司 fángdìchǎn gōngsī 부동산 중개업소

49~50

全家餐厅

50. 开业优惠 中餐八折

49. 13:00 - 16:00 用餐打八折

● 满100元再送点心

● 酒水、特价菜、米饭不打折

첸쟈 음식점

50. 개업 혜택 점심 20% 할인
49. 13:00 – 16:00 식사 20% 할인
• 100위안 이상 주문 시 간식 제공
• 주류·음료, 특가 요리, 공기밥 할인 불가

餐厅 cāntīng 몡 식당　**开业** kāiyè 됭 개업하다　**优惠** yōuhuì 톙 특혜의　**中餐** zhōngcān 몡 점심 식사
折 zhé 됭 값을 깎다, 할인하다　**用餐** yòngcān 됭 식사를 하다　**满** mǎn 꽉 채우다　**再** zài 믄 재차, 또
送 sòng 됭 주다　**点心** diǎnxin 몡 간식　**酒水** jiǔshuǐ 몡 음료와 주류　**特价菜** tèjiàcài 특가 요리
米饭 mǐfàn 몡 쌀밥　**打折** dǎzhé 됭 할인하다

49

★ 什么时间得不到优惠？

A 14:30

B 15:30

C 16:30 √

★ 언제 혜택을 받을 수 없나요?

A 14:30
B 15:30
C 16:30

→ 이 지문은 음식점 이벤트 광고로, 개업 기념으로 점심 식사 할인 행사를 하고 있다. 행사는 13:00~16:00까지 3시간 동안 진행되므로 16:30에는 할인 적용을 받을 수 없다.　정답 C

活动 huódòng 몡 행사　**使用** shǐyòng 됭 사용하다

50

★ 我们可以知道这家店：

A 米饭免费

B 搞促销活动 √

C 特价菜打八折

★ 이 음식점에 대해 알 수 있는 것은:

A 공기밥이 무료이다
B 판촉 행사를 하고 있다
C 특가 요리는 20% 할인한다

→ 광고의 맨 마지막 줄에 '술, 특가 요리, 공기밥은 할인되지 않는다'라고 했으므로 A와 C는 답이 아니다. 정답 B

知道 zhīdào 됭 알다　**店** diàn 몡 가게, 점포　**免费** miǎnfèi 됭 무료로 하다　**以上** yǐshàng 몡 이상

按摩价格表

- 全身按摩 100元（60分钟）
- **51.** 足部按摩 50元（60分钟）
- 头部按摩 50元（40分钟）
- **52.** 套餐 A
  全身+足部 120元 **52.**（90分钟）
  （只收现金）
- 套餐 B
  全身+头部 120元（90分钟）（只收现金）
- ◆ **53.** 会员卡优惠
  300元 会员卡 8折优惠
  51. 500元 会员卡 7折优惠

안마 가격표

- 전신안마 100위안(60분)
- **51.** 발 마사지 50위안 (60분)
- 머리 안마 50위안(40분)
- **52.** 세트 A
  전신+발 120위안 **52.**(90분)
  (현금만 가능)
- 세트 B
  전신+머리 120위안 (90분)
  (현금만 가능)
- ◆ **53.** 회원 카드 우대
  300위안 회원 카드 20% 할인 우대
  51. 500위안 회원 카드 30% 할인 우대

按摩 ànmó 명동 안마(하다)　**价格表** jiàgébiǎo 명 가격표　**全身** quánshēn 명 전신, 온몸
分钟 fēnzhōng 명 분　**足部** zúbù 발 부분　**头部** tóubù 머리 부분　**套餐** tàocān 세트 메뉴
只 zhǐ 부 오로지　**收** shōu 동 받다　**现金** xiànjīn 명 현금　**会员卡** huìyuánkǎ 명 회원 카드
优惠 yōuhuì 명 특혜의　**折** zhé 동 깎다, 할인하다

---

51 📄 ★ 客户有500元会员卡，足部按摩是:
A 35元 ✓
B 40元
C 45元

★ 고객이 500위안짜리 회원 카드를 가지고
있다면 발 마사지는:
A 35위안
B 40위안
C 45위안

→ 500위안짜리 회원 카드를 가지고 있으면 30% 우대 할인을 받을 수 있다. 발 마사지의 원래 가격은 50위안이
지만, 30% 우대 할인이 적용되면 35위안이다.　　　　　　정답 A

客户 kèhù 명 고객

---

52 📄 ★ 套餐A要多长时间?
A 60分钟
B 40分钟
C 1个半小时 ✓

★ 세트A는 시간이 얼마나 걸리나요?
A 60분
B 40분
C 1시간 30분

→ **套餐**A는 90분으로 명시되어 있다. 90분은 1시간 30분이므로 C가 답이다. '한 시간 반' 같은 시량 표현은 어순
에 주의해야 한다. 수량사는 대체로 '수사 + 양사 + 명사' 순서인데, 시간의 양을 말할 때 '30분'이 추가될 경우
'수사 + 个 + 半 + 小时/钟头(명사)' 순서가 된다는 것을 꼭 기억해두자.　　　　　　정답 C

时间 shíjiān 명 시간

53

📄 ★ 根据价格表，下面哪句话是对的?
A 套餐可以用信用卡
B 会员卡有三种
C 有会员卡打折 ✓

★ 가격표에 근거하여, 다음 중 어느 것이 옳은가요?
A 세트 메뉴는 신용카드가 가능하다
B 회원 카드는 3종류가 있다
C 회원 카드는 할인이 있다

→ 套餐 A와 B 모두 현금만 받는다고 했으므로 A는 틀리고, 회원 카드는 각각 300위안과 500위안 두 종류가 제시되어 있으므로 B도 틀리다. 회원 카드를 소지하면 종류별로 다른 할인율이 적용되므로 C가 가장 올바르다.

정답 C

用 yòng 동 쓰다, 사용하다　种 zhǒng 양 종류, 종　打折 dǎzhé 동 할인하다

54 ~ 55 📄

航班号	到达	登机口	出发时间	情况
KE7090	**54.**东京	E21	18:30	**54.**取消
CA9889	香港	E35	18:40	19:10出发
DF6873	纽约	E17	**55.**19:30	**55.**19:30出发
AC6873	首尔	E19	20:30	20:40出发

항공편	도착	탑승구	출발시간	상황
KE7090	**54.**도쿄	E21	18:30	**54.**취소
CA9889	홍콩	E35	18:40	19:10 출발
DF6873	뉴욕	E17	**55.**19:30	**55.**19:30 출발
AC6873	서울	E19	20:30	20:40 출발

航班号 hángbān hào 항공편 번호　到达 dàodá 동 도착하다　登机口 dēngjīkǒu 명 탑승구, 게이트
出发 chūfā 명동 출발(하다)　时间 shíjiān 명 시간　情况 qíngkuàng 명 상황
东京 Dōngjīng 명 도쿄(지명)　取消 qǔxiāo 동 취소하다　香港 Xiānggǎng 명 홍콩(지명)
纽约 Niúyuē 명 뉴욕(지명)　首尔 Shǒu'ěr 명 서울(지명)

54

📄 ★ 今天去哪里的航班没有了?
A 东京 ✓
B 香港
C 纽约

★ 오늘 어디로 가는 항공편이 없나요?
A 도쿄
B 홍콩
C 뉴욕

→ 출장이나 여행 시에 자주 보게 되는 항공편 운행표가 제시되었다. 항공편 정보를 습득하는 데 필요한 용어들을 알아두는 것이 좋다. 情况에는 원래 계획과 달리 변화된 상황이 기재되는데, 취소된 것은 도쿄로 가는 항공편이다.

정답 A

去 qù 동 가다　哪里 nǎlǐ 때 어디, 어느 곳　的 de 조 ~의　航班 hángbān 명 항공편, 정기편
今天 jīntiān 명 오늘　没有 méiyǒu 동 없다　了 le 조 동사 뒤에서 완료·변화 등을 표시

55

★ 哪个航班准时起飞?

A　KE7090

B　CA9889

C　DF6873 √

★ 어느 항공편이 제시간에 출발하나요?

A KE7090

B CA9889

C DF6873

→ 出发时间과 情况에 시간이 똑같이 기재된 것을 찾아야 한다. 출발 예정 시간이 변동되지 않은 것은 DF6873 으로 예정 시간대로 출발한다.　　　정답 C

准时 zhǔnshí 뙤 정시에, 제때에　　**起飞** qǐfēi 통 이륙하다

---

56 ~ 57

不同年龄电子邮件使用率

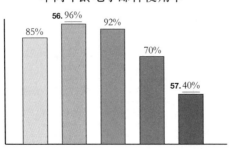

연령대별 이메일 사용률

15~24세 85%
25~34세 96%
35~44세 92%
45~54세 70%
55세 이상 40%

不同 bùtóng 혱 같지 않다, 다르다　　**年龄** niánlíng 명 연령　　**电子邮件** diànzǐ yóujiàn 명 이메일, 전자우편
使用率 shǐyònglǜ 명 사용률　　**岁** suì 명양 살, 세(나이를 세는 단위)　　**以上** yǐshàng 명 이상

56

★ 电子邮件使用率最高的是哪段年龄?

A　25-34岁 √

B　35-44岁

C　55岁以上

★ 이메일 사용률이 가장 높은 것은 어느 연령대인가요?

A 25~34세

B 35~44세

C 55세 이상

→ 그래프를 보고 내용을 분석하는 유형의 문제이다. 그래프에서 이메일 사용률이 가장 높은 연령대는 25~34세 로 96%를 차지한다.　　　정답 A

最 zuì 뙤 가장　　**高** gāo 혱 높다　　**段** duàn 양 일정한 시간 공간의 거리나 구간

57

📑 ★ 电子邮件使用率最低的是哪段年龄?

A 25-34岁

B 35-44岁

C 55岁以上 ✓

★ 이메일 사용률이 가장 낮은 것은 어느 연령대인가요?

A 25~34세

B 35~44세

C 55세 이상

→ 그래프에서 이메일 사용률이 가장 낮은 연령대는 55세 이상으로 40%를 차지한다.   정답 C

低 dī 혱 낮다

58~60 📑

网上书城快递价格表				
目的地	1-3公斤	4-6公斤	续重每公斤	到达时间(天)
广东	10元	18元	2元	1-2
上海、福建、湖南、江苏、浙江、海南、云南、贵州、四川	14元	26元	2元	2-3
北京、58.重庆、湖北、山东、安徽、河北	58.15元	38元	3元	2-3
河南、59.山西、吉林、辽宁、天津、黑龙江	18元	33元	3元	59.2-3
新疆	29元	54元	5元	3-4

60.* 订300元以上免费快递

인터넷 도서몰 택배 가격표				
목적지	1~3kg	4~6kg	추가 1kg당	도착시간(일)
광둥	10위안	18위안	2위안	1~2
상하이, 푸젠, 후난, 쟝쑤, 저쟝, 하이난, 윈난, 구이저우, 쓰촨	14위안	26위안	2위안	2~3
베이징, 58.충칭, 후베이, 산둥, 안후이, 허베이	58.15위안	38위안	3위안	2~3
허난, 59.산시, 지린, 랴오닝, 톈진, 헤이룽쟝	18위안	33위안	3위안	59.2~3
신쟝	29위안	54위안	5위안	3~4

60.* 300위안 이상 주문시 택배비 무료

网上 wǎngshàng 혱 온라인   书城 shūchéng 혱 서점이 모여 있는 건물, 대형서점
快递 kuàidì 혱 속달, 택배   价格表 jiàgébiǎo 혱 가격표   目的地 mùdìdì 혱 목적지
广东 Guǎngdōng 혱 광둥(지명)   上海 Shànghǎi 혱 상하이(지명)   福建 Fújiàn 혱 푸젠(지명)
湖南 Húnán 혱 후난(지명)   江苏 Jiāngsū 혱 쟝쑤(지명)   浙江 Zhèjiāng 혱 저쟝(지명)
海南 Hǎinán 혱 하이난   云南 Yúnnán 혱 윈난(지명)   贵州 Guìzhōu 혱 구이저우(지명)
四川 Sìchuān 혱 쓰촨(지명)   北京 Běijīng 혱 베이징(지명)   重庆 Chóngqìng 혱 충칭(지명)
湖北 Húběi 혱 후베이(지명)   山东 Shāndōng 혱 산둥(지명)   安徽 Ānhuī 혱 안후이(지명)
河北 Héběi 혱 허베이(지명)   河南 Hénán 혱 허난(지명)   山西 Shānxī 혱 산시(지명)

123

吉林 Jílín 〔명〕 지린(지명)　　辽宁 Liáoníng 〔명〕 랴오닝(지명)　　天津 Tiānjīn 〔명〕 톈진(지명)
黑龙江 Hēilóngjiāng 〔명〕 헤이룽장(지명)　　新疆 Xīnjiāng 〔명〕 신장(지명)　　公斤 gōngjīn 〔양〕 킬로그램, kg
续 xù 〔동〕 더하다, 보태다　　每 měi 〔대〕 매, 각, ~마다　　到达 dàodá 〔동〕 도달하다, 도착하다　　时间 shíjiān 〔명〕 시간
天 tiān 〔명〕 날, 일　　订 dìng 〔동〕 예약하다, 주문하다　　以上 yǐshàng 〔명〕 이상　　免费 miǎnfèi 〔형〕 무료이다

58

★ 寄一个3公斤的快递到重庆，需要多少
钱?
A 10元
B 14元
C 15元 ✓

★ 3kg의 택배를 충칭으로 부치려면 얼마가
필요한가요?
A 10위안
B 14위안
C 15위안

→ 확인해야 할 정보를 빠르고 정확하게 파악하는 것이 관건인 복잡한 가격표 유형의 문제이다. 목적지인 충칭을
찾아서 1~3kg인 경우의 요금을 확인하면 15위안이다.　　　　　　　　　　　　　　　정답 C

寄 jì 〔동〕 (우편) 부치다　　需要 xūyào 〔명〕〔동〕 필요(하다), 요구(되다)　　钱 qián 〔명〕 돈

59

★ 今天上午寄到山西的快递，需要多长
时间?
A 1-2天
B 2-3天 ✓
C 3-4天

★ 오늘 오전에 산시로 택배를 부친다면, 시
간이 얼마나 걸리나요?
A 1~2일
B 2~3일
C 3~4일

→ 목적지에서 산시를 찾아서 도착시간을 확인하면 2~3일이 소요됨을 알 수 있다.　　　　　　정답 B

今天 jīntiān 〔명〕 오늘　　上午 shàngwǔ 〔명〕 오전

60

★ 如果你订了350元以上的书，应该付多
少快递费?
A 0元 ✓
B 10元
C 29元

★ 만약 350위안 이상의 책을 주문하면, 택
배비를 얼마 내야 하나요?
A 0위안
B 10위안
C 29위안

→ 놓치기 쉬운 가격표 하단의 추가 정보를 확인해야 한다. '300위안 이상 주문하면 무료배송'이라고 명시되어
있으므로 택배비는 0위안이다.　　　　　　　　　　　　　　　　　　　　　　　　정답 A

如果 rúguǒ 〔접〕 만약　　应该 yīnggāi 〔조동〕 ~해야 하다　　付 fù 〔동〕 지불하다

书写

3
쓰기

📄 **例如**

我2011年大学(毕)业，
已经工作三年多了。

bì

문제에 정답을 표시했습니다.
한 문장을 쭉 읽고 풀이를 확인하세요.

나는 2011년 대학을 졸업했고, 일한 지 벌써 3년 되었다.

→ 빈칸 앞에 大学가 있고, 빈칸 위에 bì, 빈칸 뒤에 业가 제시되어 있다. 그리고 뒤에 연결되는 내용에서 '일한 지 3년 되었다'고 하고 있으므로 '대학을 졸업했다'는 표현이 필요함을 알 수 있다. '졸업하다'는 毕业이므로 빈칸에는 毕가 들어가야 한다.

정답 毕

年 nián 몡 해, 년   **大学** dàxué 몡 대학   **毕业** bìyè 통 졸업하다   **已经** yǐjīng 튀 이미, 벌써
工作 gōngzuò 통·몡 일(하다)   **多** duō 혱 많다

채점자가 잘 알아볼 수 있도록
답안지의 ___ 위에
글씨를 또박또박 쓰세요.

📄 **61**

你(穿)这件黑西装很好看。

chuān

네가 이 검은색 양복을 입으니까 보기 좋다.

→ 빈칸이 명사와 명사 사이에 있고, 뒤의 명사는 '양복'이며, 제시된 병음이 chuān이므로 '입다'의 의미를 지닌 穿이 가장 적절하다.

정답 穿

穿 chuān 통 입다   **黑** hēi 혱 검다   **西装** xīzhuāng 몡 양복   **好看** hǎokàn 혱 보기 좋다

📄 **62**

昨天借的两(本)书，看完了没有？

běn

어제 빌린 책 두 권 다 봤어 못 봤어?

→ '수사 + 양사 + 명사' 어순 중 양사 자리가 비어 있고, 명사로 '책'이 나왔으며, 제시된 병음은 běn이므로 책을 세는 양사인 本이 가장 적합하다.

정답 本

昨天 zuótiān 몡 어제   **借** jiè 통 빌리다   **两** liǎng 쉬 둘, 2   **本** běn 몡 권(책이나 잡지를 세는 단위)
书 shū 몡 책   **看** kàn 통 보다   **完** wán 통 다하다, 완결되다

63

📖 我们(坐)出租车去，不到十分钟就能到。

우리가 택시를 타고 가니까, 10분이 채 안 되서 바로 도착해.

→ 빈칸이 명사와 명사 사이에 있으며, 뒤에는 '택시'와 '가다'가 나와 있고, 제시된 병음은 zuò이므로 택시를 '타는' 동작이 필요하다는 것을 알 수 있다. '타다'의 뜻을 가진 坐가 답이다. **정답 坐**

坐 zuò 图 타다   出租车 chūzūchē 图 택시   到 dào 图 ~에 미치다. ~이 되다   分钟 fēnzhōng 图 분
就 jiù 图 바로   能 néng 图图 ~할 수 있다

64

📖 这个问题太难了，我也(回)答不了，
你问别人吧。

이 문제는 너무 어려워서, 나도 대답을 못하겠어. 다른 사람한테 물어봐.

→ 빈칸의 앞쪽에는 问题가 나와 있고 뒤에는 答不了가 있으므로 원하는 표현이 '대답할 수 없다'가 되어야 함을 알 수 있다. '대답하다'는 回答이므로 回를 써넣어야 한다. 不了는 동사 뒤에 쓰여 '~할 수 없다', 즉 불가능을 표현한다. **정답 回**

问题 wèntí 图 문제   难 nán 图 어렵다   回答 huídá 图 대답하다   不了 bùliǎo ~할 수 없다
别人 biérén 图 남, 타인

65

📖 我爸爸是第一(次)来中国旅游。

우리 아빠는 처음으로 중국 여행을 왔다.

→ 빈칸의 앞에는 第一, 뒤에는 동사가 나와 있으므로 동량사가 필요하다는 것을 알 수 있다. 동작의 횟수를 셀 때는 次를 많이 사용한다. **정답 次**

爸爸 bàba 图 아빠   第 dì 제(수사 앞에서 쓰여 차례를 가리킴)   次 cì 図 번, 횟수   来 lái 图 오다
中国 Zhōngguó 图 중국   旅游 lǚyóu 图图 여행(하다)

66

📖 您能寄给我贵公司的商品(目录)吗?

저희에게 귀사의 상품 목록(카탈로그)을 부쳐주실 수 있나요?

→ 빈칸의 앞에 的가 있으므로 商品과 어울리는 명사가 필요하다는 것을 알 수 있다. 제시된 병음이 mùlù이므로 한자는 目录가 적합하다. **정답 目录**

能 néng 图图 ~할 수 있다   寄 jì 图 부치다   给 gěi 图图 ~에게, ~에게 주다
贵公司 guìgōngsī 귀사(상대 회사를 부르는 존칭)   商品目录 shāngpǐn mùlù 상품 목록, 카탈로그

67

📄 明天早上九点我在公司门口等你，(再见)。

내일 오전 9시에 내가 회사 입구에서 널 기다릴게, 잘 가.

→ 내일 사무실 입구에서 기다린다는 내용으로 헤어지는 상황임을 알 수 있다. 제시된 병음 zàijiàn으로 보아 헤어질 때 하는 인사말인 再见을 써야 한다.　　　　　　　　　정답 **再见**

明天 míngtiān 몡 내일　　早上 zǎoshàng 몡 아침　　公司 gōngsī 몡 회사　　门口 ménkǒu 몡 입구
等 děng 동 기다리다　　再见 zàijiàn 동 또 뵙겠습니다

68

📄 我真不知道去哪儿买衣服(比较)好。

난 어디에 가서 옷을 사야 비교적 좋을지 정말 모르겠어.

→ 빈칸에는 형용사인 好를 꾸며줄 수 있는 부사가 들어가야 하는 자리이다. 제시된 병음이 bǐjiào이므로 比较라고 써야 한다.　　　　　　　　　정답 **比较**

真 zhēn 뵘 정말로, 실로　　知道 zhīdào 동 알다　　去 qù 동 가다　　哪儿 nǎr 때 어디　　买 mǎi 동 사다
衣服 yīfu 몡 옷　　比较 bǐjiào 뵘 비교적

69

📄 晚上没睡好，早上起晚了，要(迟到)了。

저녁에 푹 못 자서, 아침에 늦게 일어났어. 지각하겠는데.

→ 앞의 내용이 '아침에 늦게 일어났다'이므로, 제시된 병음 chídào는 '지각하다'라는 뜻의 迟到임을 알 수 있다. 要…了는 '곧 ~하려 하다'라는 뜻으로 다가올 가까운 미래를 나타낸다. 이와 같은 뜻으로 快…了, 快要…了, 就要…了 등이 있다. 要迟到了는 '곧 지각이다', '지각할 것 같다'라는 뜻이다.　　　　　　　　　정답 **迟到**

晚上 wǎnshang 몡 저녁　　睡 shuì 동 자다　　早上 zǎoshang 몡 아침　　起 qǐ 동 일어나다
晚 wǎn 형 늦다　　迟到 chídào 동 지각하다　　要…了 곧 ~하려 하다(=快…了, 快要…了, 就要…了)

70

📄 小李，(报告)书放在哪儿了？我怎么找也找不到啊！

샤오 리, 보고서 어디에 두었어? 아무리 찾아도 못 찾겠어!

→ 빈칸 뒤에는 书이고, 제시된 병음은 bàogào이므로 어울리는 한자는 报告이다. 找不到는 가능보어의 부정형으로 '찾을 수 없다'라는 뜻이며, 不能找到로 바꿔 쓸 수 있다. 긍정형은 找得到이다.　　　　　　　　　정답 **报告**

报告书 bàogàoshū 몡 보고서　　放 fàng 동 놓다　　哪儿 nǎr 때 어디　　找 zhǎo 동 찾다
找不到 zhǎo bu dào 찾을 수 없다